最賢的妻，最才的女

百年時光中的文學潛行者　楊絳

慕容素衣——著

「你（楊絳）是最賢的妻，最才的女。」
——錢鍾書

目錄

第三章 留學記趣：闖禍者和守護神 ……… 081

真正的優雅，可以抵抗世間所有的不安

「我和誰都不爭，和誰爭我都不屑；我愛大自然，其次就是藝術；我雙手烤著生命之火取暖；火萎了，我也準備走了。」

這首由楊絳翻譯蘭德的詩，可以看作她一生的寫照。

看老年楊絳的照片，會覺得她的臉上自然而然地散發著一種淡定從容的氣質。很多人過了中年往往一臉戾氣，那是因為他們承受太多的苦難，而楊絳經歷那麼多風霜，卻始終能化戾氣為祥和。歲月把她打磨成一顆珍珠，散發出的光芒並不那麼奪目，卻內斂而溫潤。

二〇一六年五月二十五日凌晨，楊絳先生因病去世，享年一〇五歲。消息傳來，朋友圈裡一時被紀念先生的文章洗版，從清華大學的學生，到普通的老百姓，許多人自發地悼念先生。這些人中，可能大多數並沒有讀過楊絳的作品，抑或讀過，也只是半爪一鱗。

人們懷念楊絳，可能並不僅僅是因為她寫出過《我們仨》《洗澡》等足以傳世的作品，更是因為她活出了很多人理想中的生活狀態，擁有過很多人嚮往的理想愛情。無論時局如何變化，大多數人仍然希望擁有寧靜與平和的內心，希望能夠和相愛的人白頭偕老。而這些，楊絳恰恰都做到了。她一生寫過不少作品，但最好的作品其實就是她的人生。

楊絳出生於一九一一年，走過一個世紀的風風雨雨。當我們回顧中國歷史時，便會發現，這是一個驚人動盪的世紀，尤其是民國時期，新舊碰撞、政權更迭，遠遠沒有後人想像的那麼浪漫美麗。

民國時期是一個群芳薈萃的時代，擁有一群芳華絕代的女神：林徽因、陸小曼、張充和、孟小冬、阮玲玉、蝴蝶……一個個名字綴在一起，成就了那個時代的滿天星光。在姹紫嫣紅的民國群芳之外，楊絳是一個特殊的存在，任人爭奇鬥豔，她始終雅淡如菊，就像一縷清風，一杯香茗，一竿翠竹。淡泊和溫潤是她性格的底色，她編劇、寫作，都是「隨遇而作」，並無爭名逐利之心。她每次都說自己不過是試著寫寫，沒想到一試之下，寫出來的不乏精品。

在人心惶惶的「文革」期間，楊絳被剃了陰陽頭，她拿起女兒剪下的辮子，細細織了一頂假髮戴上。被發配去打掃女廁所後，她發現這裡反而是一個安樂窩，可以在此讀讀隨身攜帶的舊詩詞卡片。她一生所求不多，只希望能在動盪年月中擁有一張安靜的書桌。正是在這樣艱難的處境中，她著手翻譯八卷本《堂吉訶德》，後來被稱為最佳的譯本。

這樣的心境，便是「優雅」的最佳注腳。到底什麼才是真正的優雅呢？我想，真正的優雅，就是我們通常所說的「隨遇而安」，無論處於什麼樣的境遇，都能夠從容面對，寵辱不驚。但光有隨遇而安的恬淡還不夠，還得有內心的篤定和堅守，守得住底線，熬得過艱辛，這樣才能做到由內而外的優雅。

楊絳就是如此，當有人挑戰她的底線時，就算溫潤如她，也會顯露出金剛怒目的一面來。風雨飄搖的年代，很多人勸她和丈夫錢鍾書離開中國，他們夫婦一口回絕了，原因是「我們是倔強的中國老百姓，不願去外國做二等公民」。「文革」時，錢鍾書在中國社科院文學所被貼了大字報，楊絳就在下邊一角貼了張小字報澄清辯誣，後來被揪出來批鬥，她還是據理力爭：「就是不符合事實！就是不符合事實！」

《大學》中說：「知止而後有定，定而後能靜，靜而後能安。」知道自己要什麼，在一生懸命的追求上從未放棄過，內心才能夠安定，楊絳恰恰做到了這一點。從古至今，世界從來不安，時局多半動亂，有了安定的內心，才可以做到在不安的世界裡安靜地活，才能夠活得優雅。

真正優雅的人，遍歷人間滄桑，依舊雲淡風輕，縱然有過怨氣，也早已被消解。所以楊絳寫「文革」往事，用筆輕淡，從無一句血淚控訴，的確做到了「哀而不傷，婉而多諷」。

當我回顧楊絳的一生時，不時會因她遭受過的那些苦難而動容，但我更加感受到她在漫長而動亂的生活中所迸發的生命之光。日子再艱難，前路再迷茫，她也從未放棄過幽默和樂觀，始終堅信：「人性並未泯滅，烏雲鑲著金邊。」

回憶往事，楊絳寫道：「常言彩雲易散，烏雲也何嘗能永遠佔領天空。烏雲蔽天的歲月是不堪回首的，可是留在我記憶裡不易磨滅的，倒是那一道含蘊著光和熱的金邊。」

楊絳其人其文，就是那一道含蘊著光和熱的金邊，哪怕漫天烏雲，只要抬頭看見有這麼一道金邊，就能給人無限慰藉，讓人看到活著的尊嚴和希望。

楊絳先生走了，「我們仨」終於可以在天上團聚了。我們為她高興，卻又禁不住失落，因為先生終究和我們永別了。

第一章

童年記趣

——楊家有女初長成

好的教育，首先是啟發孩子的學習興趣、學習的自覺性，培養孩子的上進心，引導他們好學，和不斷完善自己。要讓他們在不知不覺中受教育。

——楊絳，從父親楊蔭杭身上體會

一九一一年七月十七日，一個乳名叫作阿季的女嬰在北京呱呱墜地。一百天後，中華民國取代了清政府。所以楊絳經常自豪地說：「我和中華民國同歲，我比中華民國還年長一百天！」

生下來第一天，家裡人給她餵霜淇淋吃，她好奇地舔了又舔，結果凍得嘴脣都變成了絳紫色。後來，她擁有了一個筆名——楊絳，卻和幼時那支霜淇淋無關，而是弟弟妹妹們偷懶，愛將她的名字「季康」連讀起來叫成「絳」。

這一年，辛亥革命爆發，中國歷史迎來了史無前例的巨變；這一年，林長民家的大小姐林徽因剛剛七歲，因為父親娶了二房冷落了母親而鬱鬱寡歡，被稱為「小大人」；這一年，一個叫張乃瑩的東北姑娘出生了，在呼蘭河那座小城裡，除了爺爺，她並沒有得過誰的寵愛，蕭紅是她的筆名；這一年，合肥張家的三小姐張兆和剛滿周歲，小姑娘生得黑裡俏，悶悶的不大愛說話，在家裡是個不大起眼的孩子，如果沒有之後與沈從文之間那場師生戀，她或許並不會被人記住。

這一年，舊的時代結束了，新的時代才剛剛拉開序幕，還要再過上一二十年，等到上面說的這些女孩們長大了，才會迎來那個群芳薈萃、萬紫千紅的時代。時代成就了她們，她們也照亮了時代。她們中有的成為文藝女神，從那時一直驚豔到如今。

她們或顛沛或安穩的命運，早在一九一一年已埋下伏筆。童年的經歷，往往決定了一個人一生的性格底色和命運走向。童年時缺愛的人，大多一輩子都會生活在愛的匱乏之中，因為他們很難相信自己能夠得到無條件的愛；童年時享有充分的愛，長大了則更會知道如何去愛一個人。比較起來，我們的小阿季真是很幸運，她出生在一個洋溢著幸福的家庭，父母慈愛，兄妹和煦，優裕溫馨的家境滋養出她溫柔敦厚的品質，奠定了她性格的基石。從童年那個並不出眾的小阿季身上，我們隱隱可以看出日後楊絳的影子，比如嫻靜沉穩，愛書成癖，以及愛護家人等。

很多年以後，楊絳憶起少女時代時說：「那是我一生最回味無窮的歲月。」對於她來說，回憶幼時是一次最溫暖的旅程，童年的陽光似乎還存留在她心底的柔軟一角，又從她的筆底流瀉出來，才能在寫到生離死別時，筆下仍有脈脈溫情在流淌。這樣的文字，只有內心真正光明溫暖的人才寫得出。

父親和母親，正是最初給予她光明和溫暖的兩個人，他們的愛，照亮了她的一生。

來自父親的性格基因

什麼樣的女孩子最自信、最有安全感？答案是：從小得到過父親充分關愛的女孩子。這並不是憑空杜撰，而是根據一項調查得出的結論。甚至有心理學家認為，每一個優秀的女孩子背後都有一個疼愛她的父親。

小楊絳很幸運就遇到了這樣的父親。

父親楊蔭杭對她的一生影響極大，可以說，父親的正直、淡泊名利，以及對家人的愛，塑造了楊絳。

楊蔭杭是江蘇無錫人，字補塘，筆名老圃，又名虎頭。楊家在無錫當地是有名的書香門第，楊絳的祖父、曾祖父都做過官，以清廉和正直聞名。她曾經說自己出身於「寒素人家」，這是自謙的說法。

楊蔭杭為人，酷似梁羽生武俠小說中的男主人公，萬斛清才，一身俠氣，雖是書生，卻俠骨丹心。他心懷「立憲夢」，一生都在為法治夢想而奮鬥，觀其生，堪當「剛正不阿」四個字。

舉個例子可以說明他的為人：楊蔭杭青年時考入北洋公學，當時北洋公學由外國人把持，部分學生因對伙食不滿掀起學潮，外國人開除一名帶頭鬧事的廣東學生。楊蔭杭並未參與，但他看到許多學生懾於洋人淫威，噤若寒蟬，不禁氣血上湧，挺身而出說：「還有我！」結果也遭到開除。

被北洋公學開除後，楊蔭杭又考入南洋公學，因成績優異獲得到日本早稻田大學留學的機會。在日本期間，他受到孫中山、黃興等人的影響，開始參與革命事業。

學成歸國後，楊蔭杭做過法官，當過律師，還在《申報》擔任過副總編兼主筆。其秉公執法、不阿不諛的為官原則，令人想起北宋時的鐵面包公，他剛直的作風與包拯類似，卻比包拯更有人情味。他常自告奮勇為請不起律師的窮人辯護，也時有一些並不貧困的人打勝官司後逃酬的事發生。據楊絳回憶，其父大約有三分之一的酬勞被賴掉。她笑父親：作為一個律師，卻連自己的權益也不會保障。

楊蔭杭擔任浙江省高等審判廳長時，有一個惡霸仗著自己與省督軍有裙帶關係，在鄉里魚肉百姓，無惡不作，甚至行兇殺人，百姓怨恨橫生。

有一被害人家屬忍無可忍，決定走訴訟一途，地方法院審理後呈報省廳，楊蔭杭依法審理，最後提筆判處這一惡霸死刑。這一判決引起強烈反響，連浙江省的省長屈映光也出面為惡霸說情，要求楊蔭杭予以減刑，可是楊蔭杭堅決回答說：「殺人償命，不能寬宥。」

屈映光見求情不成，就向時任大總統袁世凱告狀，所幸袁世凱的機要祕書張一麟與楊蔭杭是同窗好友，從中為楊蔭杭說情，袁世凱才親筆批下「此是好人」，將楊蔭杭調到北京了事。

在當時的司法環境下，楊蔭杭的「立憲夢」很快就破滅了，但他從未放棄過對司法公正的努力，哪怕因此而仕途受挫。中國傳統文人推崇的「知其不可為而為之」「雖千萬人，吾往矣」的進取精神，在他身上得到了充分的體現。

父親的這些事蹟，楊絳後來在〈回憶我的父親〉一文中細細道來，字裡行間可見她是頗以父親為榮的。父親往往是女兒的第一位偶像，身教勝於言傳。楊蔭杭的剛直不阿和鐵骨錚錚，潛移默化地影響了楊絳，她性格中偶有的金剛怒目一面，那也是父親留給她的性格基因。她說：「父親從不訓示我們該如何做，而是通過他的行動，讓我們體會到『富貴不能淫，貧賤不能移，威武不能屈』古訓的真正意義。」

在書香味濃重的家庭長大的孩子，往往會喜歡閱讀。楊絳就是受父母的影響，從淘氣轉向好學的。父親平時說話入情入理，出口成章，在《申報》上寫的評論文章豪氣沖天，擲地有聲。她又佩服又好奇，於是向父親請教祕訣。父親說：「哪有什麼祕訣？多讀書，讀好書罷了。」她有樣學樣，就從家裡找藏書看，果然覺得有趣，從此便愛上了讀書。

楊蔭杭身上不僅有鐵面無私的一面，還有名士風流的一面。他收藏古錢、古玩、善本書，愛讀杜詩，對音韻學鑽研很深，將各時代的韻書一字字推敲。晚年曾傾力於《詩騷體韻》一書，可惜書稿未能留下來。他賦閒時曾在報上寫時評，寫好後就笑著對妻子說：「我今天放了一個屁！」妻子聽了，就會留意當天的報紙，把那個「屁」剪下來。

他當律師時，有次和會審公堂的法官爭辯起來，法官訓斥他坐著的樣子不規矩，還蹺起了一條腿。他聽了故意將腿蹺得高高的，不以為意地侃侃而談。第二天滬上報紙都將此事作為頭條新聞來報導，楊蔭杭也由此名聲大振，成了「知名」律師。這些放誕不羈的行為，被他的大女兒當成新聞告訴了弟弟妹妹，楊絳還特意寫到了《將飲茶》中。

作為法官和律師的楊蔭杭是十分威嚴剛直的，作為父親的他則十分開明慈愛。他看起來凝重有威，其實沒有一點架子，錢鍾書做了他的女婿後，一開始有點怕這位老丈人，後來卻說他

「望之儼然，接之也溫」。

楊蔭杭有八個子女，楊絳排行第四，上面有三個姊姊，她是父親逃亡海外歸來後的第一個女兒，雖不是最小，卻屬於父親「偏憐」的女兒。她小時候個子矮小，父親卻說「貓以矮腳短身者為良」，對她十分寵愛。楊家沒有重男輕女的陋習，對女兒和兒子都同樣看待，母親唐須嫈負責孩子們的衣食住行，父親楊蔭杭則在孩子們的教育方面頗為用心。

要知道楊絳何以能成為楊絳，不得不說說楊蔭杭的教育方式。

他不給孩子們施加任何學業上的壓力，採取的教育理論是孔子的「大叩則大鳴，小叩則小鳴」，推崇無為而治，順其自然。楊蔭杭有個偏見，認為女孩子身體嬌弱，用功過度，會損害健康，常對女兒說，他同學中有的整天死讀書，能拿一百分，實際上是個低能兒，所以從來不要求女兒們拿高分。楊絳在高中時還不會辨平仄聲，他安慰女兒說：「不要緊，到時候自然會懂。」後來楊絳果然四聲都能分辨了。他常在晚上走到窗前，敲著窗子考楊絳某字什麼聲，女兒答對了，他高興得直笑；答錯了，他還是樂得大笑。

他鼓勵孩子們做自己喜歡做的事。楊絳從小喜歡詩文之類的書，楊蔭杭就常常給她買。她對什麼書感興趣，他就把那本書悄悄放在她的桌上，假如她長期不讀，那本書就會不見了，這等於是無聲的責備。

楊絳考入東吳大學後，面臨著選學科的問題，生平頭一次要嚴肅認真地考慮自己該學什麼。她想選一門最有益於人的學科，父親卻告訴她，沒什麼該不該，最喜歡什麼，就學什麼。楊絳很忐忑，心想，難道我喜歡詩詞就學詩詞，喜歡小說就學小說，這些會有益於人嗎？父親回答說：「喜歡的就是性之所近，就是自己最相宜的。」

聽了父親的話，楊絳心中一塊石頭落了地，在文理科之中選擇了文科。正是有了這個選擇，才成就了日後的劇作家、翻譯家和作家楊絳。

楊絳回憶說，父親最愛在飯後和孩子們一起吃甜食，常央求妻子買點好吃的給他和孩子們一起「放放焰口」。「放焰口」在楊家成了一個特殊的詞，孩子們想要吃的玩的，都會撒嬌說「爸爸，放焰口」。孩子們大冬天的想做霜淇淋，他聽了不僅沒有阻止，還興沖沖地告訴他們應該如何製作，做好後又興致勃勃地嘗了一點。

若是通過上文所說，就判定楊蔭杭是個對孩子縱容無度的慈父，那就未免誤解了他。他給予子女適度的尊重和充分的自由，卻也並非無所要求。

他要求子女一定要自立。楊蔭杭常常掛在嘴邊的一句話就是：「我的子女沒有遺產，我只教育他們能夠自立。」他反對購置家產，因為他堅持認為，對本人來說，經營家產耗費精力，甚至把自己降為家產的奴隸；對子女來說，家產是個大害。他常說，某家少爺假如沒有家產，可以有所作為，現成的家當卻使他成了廢物，也使他不圖上進。

他對身外之物看得很淡，假如孩子們對某件東西豔羨不已，他就會說：「世上的好東西多著呢。」楊絳聽出了父親的言外之意：「世上的好東西多著呢，你能樣樣都有嗎？」一次，他帶著孩子們去一位朋友家作客，大女兒連連稱讚朋友家的地毯多厚，沙發多軟，楊蔭杭卻慨歎說：「生活程度不能太高的。」楊絳對物質生活的淡泊，正是受了父親的薰陶。

為了鼓勵子女從小養成自力更生的習慣，楊蔭杭還將美國的「勞動教育」理念帶到了自己的家庭中。他要孩子們幹活兒，懸下賞格，捉一個鼻涕蟲獎銅板一個，捉三個小蜘蛛獎銅板一個，捉一個大蜘蛛則獎銅板三個。妻子對他說：「不好了，你把『老小』（孩子）教育得唯利是圖了。」可這種多勞多得的方式很有效，沒多久，孩子們把鼻涕蟲和蜘蛛都捉盡了。

他要求子女自己的事情自己負責，告訴他們應該擁有「說不」的勇氣。楊絳讀高中時，學生的社會活動很多，班裡經常推舉女同學到街頭演講。有的女生不樂意去，就推說家長不同意。有一次推舉楊絳，她很害羞，料想到不會有人認真聽，就不願意去，回家時她也希望父親能夠同意她推說「家裡不贊成」。可是楊蔭杭卻說：「你不肯，就別去，不用拿爸爸來擋。」

為此他還特意舉了自己的一個例子：有一次，一個權勢顯赫的軍閥到了上海，江蘇士紳聯名登報表示擁戴歡迎。楊蔭杭的某下屬擅自把楊蔭杭的名字列在歡迎者的名單中，以為反正也不是什麼大事，名字見報後，楊蔭杭即使不願意也只好默認。而楊蔭杭卻認為「名與器不可以假人」，他立即在報上登了一條啟事，申明自己沒有表示擁戴歡迎之舉。

楊蔭杭對女兒說：「你知道林肯說過的一句話嗎？『Dare to say no!』你敢嗎？」楊絳聽了，

暗暗慚愧，只好壯著膽子到學校說「我不願意去」。在她的堅持下，學校只好准許了。

楊絳從小乖巧懂事，常常跟在父親後面，是他最貼心的小棉襖。父親飯後吃水果，她專門負責削皮；父親要吃栗子、核桃等堅果，她專門負責剝殼。每天早飯之後，她知道父親有喝茶的習慣，馬上會給他泡一碗濃濃的蓋碗茶。入夏之後，父親最怕蚊子吵，弟弟妹妹捉了蚊子後，她一定要親自檢查一遍，看蚊帳內還有沒有蚊子。

楊蔭杭特別喜歡這個乖順的女兒，他每天中午有午休的習慣，這時候孩子們怕吵了他，都一哄而散。有一天，他叫住小楊絳說：「其實我喜歡有人陪陪，只是別出聲。」等父親睡著了，楊絳就拿著一本書在旁邊悄無聲息地看著，生怕吵了父親睡覺。冬天的時候，父親房裡生著火爐，需要添煤的時候，她就夾起一塊悄悄地放進爐子裡。這些尋常的時刻，後來都成了楊絳回憶中難忘的一幕。

上海淪陷時，楊蔭杭賦閑在家專心著書，連書名都擬定了，叫作《詩騷體韻》。他深知自己幾個子女中，數楊絳讀書最多，知他最深，所以很高興地對她說：「阿季，以後傳給你！」可惜的是，他後來對自己的書稿並不滿意，在離世前毀掉了這本著作。

許多年以後，楊絳追思父親時，還深以為憾。她認為，一個人的精力有限，為子女的成長教育消耗太多精力，就沒有足夠時間寫出自己滿意的作品。但是我想，楊蔭杭若是復生，未必會太過遺憾，對於做父母的來說，總是會將子女放在第一位，然後才顧得上自己的事。

一九四五年抗戰勝利前夕，楊蔭杭因腦溢血逝世，終年六十七歲。楊絳趕回蘇州舊宅，只看到靈堂裡掛著父親的遺照，她像往常一樣，到廚房去泡了一碗釅釅的蓋碗茶，放在遺照下的桌子上，自己坐在門檻上哭了起來。

父親再也沒辦法喝一碗她親手泡的蓋碗茶，父親霽月光風般的為人做派卻一直留在她的腦海，影響了她一輩子。

人生中的第一位偶像

如果說父親楊蔭杭促使楊絳走上了文學之路，母親唐須嫈則將溫柔和順的性格遺傳給了楊絳。

唐須嫈也是江蘇無錫人，典型的江南女子，靈秀溫婉，知書達理。她少女時代也上過學，而且上的是上海著名的女子中學「務本中學」，和章太炎的夫人湯國梨是同學。可自從一八九八年嫁給楊蔭杭後，就為他生兒育女，操持家務，做了一輩子的賢妻良母。

她原來有個小名叫作細寶，據楊絳說，母親這個像古董的名字，肯定是父親給改的。他在北京任京師高等檢察廳檢察長時，每年元旦都需要攜夫人出去應酬，夫人也要有名片，他便給夫人改了一個古雅的名字，嫈字是個古字。

楊蔭杭性格耿直剛硬，唐須嫈則要溫柔敦厚得多，一點都不尖銳。她對別人說的話反應總是慢半拍，有人當面損她，她也不惱，過了半天才笑著說：「她算是罵我的。」她不知道如何當面和人起衝突，事後也不計較。楊絳在性格上比較像母親。

關於唐須嫈的資料很少，無從考證她是否具有文學方面的才華。但她酷愛看小說，具有一定的文學鑒賞能力，這點楊絳也隨母親，她不像父親那樣沉迷於音韻學，而是喜歡辭章小說。唐須嫈做針線的藤匾裡常擱著戲曲劇本集《綴白裘》及一些舊體小說，做累了針線，她會拿出來翻看，一邊看一邊笑。母親看書入迷的樣子似乎總會給孩子留下深刻的印象，張愛玲也記得，她母親如廁時常常帶一本小說，坐在馬桶上邊看邊笑。也許因為這是母親們難得快樂輕鬆的時刻。

除了戲曲集《綴白裘》和《聊齋志異》之類的舊體小說，唐須嫈還愛看新小說。有一次，她看了幾頁綠漪所著的《綠天》，便對女兒說：「這個人也學著蘇梅的調兒。」楊絳很佩服母親能從一堆女作家中辨別出蘇梅的風格來，告訴她：「寫書的就是蘇梅。」還有一次，唐須嫈看了冰心的作品後，評價她是名牌女作家，但不如誰誰誰。楊絳很佩服母親文學上的見解。

唐須嫈先後生育了八個孩子，一大家子裡裡外外的雜事都需要她操心，每天都忙得團團轉。可即便這樣，她對孩子們還是很溫和的，從不訓斥他們，更不用說打罵了。對於家裡的傭人們來說，她是個隨和的女主人，傭人們都不怕她。家裡有個門房叫趙佩榮，經常為倒楣的同鄉人向她求情說：「太太，讓他（她）來幹幹活，給口飯吃就行。」唐須荌總是會應允他。

楊家曾經收留過一個窮苦人家的孩子打雜，唐須荌憐他福薄，特地為他取名阿福，希望藉吉祥字兒消弭厄運。阿福是個孝子，唐須荌給他一點什麼好吃的，他都說要留著給娘吃，她對這個孩子特別好，想要為他攢錢娶一房媳婦，學一門手藝，還特意教他做廚子。可惜後來阿福被人騙了，下落不明。

家裡的孩子們受了唐須荌的影響，給一個新來的愚癡傭婦取名阿靈，希望她能夠變得聰明。有這樣的母親，楊絳姊弟幾人都很善良，不會去欺負那些家境比自己窮困的人。楊絳成家之後，和請來的阿姨也都相處得很好。

從前在大家庭做女主人是很不容易的，一大家子的人都要照顧到。楊絳的二姑母楊蔭枌、三姑母楊蔭榆，出嫁後又都與夫家斷絕了關係，長年住在哥哥楊蔭杭家裡。姑嫂長久相處通常會有摩擦，唐須荌卻和兩個小姑子的關係很好。

楊蔭榆年輕時被家裡許配給一個嘴裡哈喇子直流的傻子大少爺，她抓破了傻子的臉，毅然抗婚，從此終身不嫁，大多數時候都和二哥一家生活在一起。

孩子們都不喜歡這位性格尖刻、行為偏激的三姑母，唐須荌卻最同情她早年許配給傻子的經歷，也最敬佩她個人奮鬥的能力，說她本性是個賢妻良母，只為一輩子不得意，才變成這個樣子。

唐須嫈對這位小姑子好極了，楊蔭榆要做襯衣，她怕裁縫做得慢，就買來料子，親自在縫紉機上趕出來；楊蔭榆說要吃什麼菜，她就親自下廚，做好了還對孩子們說這是「三伯伯」（三姑母）吃的，懂事的孩子們從不下筷，她自己也總是最後一個坐下吃飯的。楊蔭榆後來搬出去住了，一生病就向嫂子求助，唐須嫈便帶著孩子大老遠地跑過去照顧她，直到她病癒。

孩子們有時看不慣三姑母的自私，在背後嘀嘀咕咕說她壞話，唐須嫈聽了，便會訓斥他們說：「老小（小孩子）勿要刻薄。」

楊絳後來嫁給錢鍾書，錢家也是人口眾多的大家庭，她卻能應付自如，和上上下下的關係都很好，這或許是受到母親的影響罷。所謂家教，很多時候並不是刻意地教孩子們怎樣做，而是春風化雨般的耳濡目染。

母親給楊絳最深的印象，是她對父親無微不至的關懷。楊絳曾經說：「我們姊妹中三個結了婚的，個個都算得賢妻。但我們都自愧不如母親待父親那麼和順，那麼體貼周到。」

唐須嫈對丈夫的剛直磊落、特立獨行，總是無條件地支持。丈夫留學歸國，為反對清廷剪去了髮辮，她就給他做了一條假辮子，以防他走在路上被人看出來；丈夫流亡海外，她就獨自在無錫撫養兒女，侍奉老人；丈夫耿直無私，每每觸怒上司，被迫停職，她也是毫無怨言，一路跟隨；她總是心疼丈夫太勞累，稱他為「老牛」。楊絳回憶說，母親是有些縱容父親的，父親在母親面前任性得像個孩子似的，可是如果母親說他有哪裡做得不好，父親就像乖孩子那樣立即聽話，從不為自己辯解一句。

母親甚至有一次把父親從鬼門關拉了回來。一九一六年，楊絳上初小三年級的時候，楊蔭杭當時擔任京師高等檢察廳廳長，有人揭發時任交通總長許世英涉嫌貪汙瀆職，楊蔭杭二話不說，將許世英扣押了下來，且不准保釋。此舉等於捅了馬蜂窩，連當時的國務總理段祺瑞都插了手，到最後，楊蔭杭憑一己之力與整個京師官場作對，結果被暫停職務。他氣憤不過，交了辭職信就黯然攜眷南歸。

到了無錫後，楊家租賃了沙巷裘家的一處宅子，宅子的廚房外面有一座木橋，站在木橋上就能看見河，河裡有許多蝦。一家人都特別愛吃「熗蝦」，做法類似於醉蝦，將剛從河裡撈出來的活蝦，洗乾淨後倒上蔥椒醬油，還可以加一點白酒，然後放進有蓋的碗中，蓋好醃一陣就能吃。吃的時候，有的蝦還在活蹦亂跳，據說這樣做出來的蝦肉質鮮嫩，味香爽滑，美味無比。

小楊絳不敢嘗，因為發現蝦還在亂跳。

不知道是因為生吃河蝦中了毒，還是因為水土不服，一家人除了小楊絳之外都病了。父親病得尤其厲害，高燒不退，胡話連篇，說滿床都是鬼。他留過學，只信西醫，當時無錫只有一個西醫，每次上門診視就抽一點血，取走一點大便，再送到上海化驗，幾週後才診斷為傷寒。

在此之前，唐須嫈不顧丈夫反對請來一位中醫，給他一把脈就斷定是傷寒。

傷寒在二十世紀初是一種相當可怕的病症，唐須嫈的二女兒就死於傷寒，她這回無論如何都不想再看著傷寒奪走自己的丈夫。

楊蔭杭的病來勢洶洶，很快就有纏綿不起之勢，當地的醫生都束手無策，有位名醫甚至拒開藥方。萬般無奈之下，連「叫魂」的法子都用了，可還是沒什麼用。楊絳記得父親病危時，來探視的親友無不歎著氣說：「要緊人（也就是養家人的意思）啊！」當時楊蔭杭不僅要養自己一家八口，還要養老家的母親和大嫂一家，以及三弟留下的妻子兒女。事後楊絳設想過，倘若父親真有不測，自己沒有錢念書的話，只能去做個女工了。

當所有醫生都要放棄醫治的時候，唐須嫈怎麼也不肯放棄。楊蔭杭的老友華實甫，是當地一位有名的中醫，他上門來探視時，唐須嫈請求他「死馬當作活馬醫」，華實甫聽了著實不忍，大著膽子開了藥方。唐須嫈費盡心思把中藥偽裝成西藥，楊蔭杭病得迷迷糊糊，所以都吃了下去，總算退了燒。為了給丈夫補養身體，唐須嫈把自己陪嫁時的珍珠都磨成粉，裝進西藥的膠囊裡，哄丈夫吃下。

就這樣，被當成「死馬」來醫的楊蔭杭終於撿回了一條命。親友和醫生都覺得這是奇跡，而這個奇跡，完全是因為唐須嫈堅持不放棄才創造的。

《聖經》裡說「上帝令女子護衛男子」，唐須嫈對楊蔭杭便是如此。楊蔭杭回報給妻子的，則是無限深情。

他早年在日本留學時，聽說妻子臨產，忙請了假回國探視，趕到家裡第二天，長女壽康便出生了。那次他因假期有限，在家僅僅待了一週便匆匆離去，而唐須嫈卻深感丈夫對自己情深義重，將此視為生平最幸福的事。

他知道妻子愛看舊體小說，便特意買來八十回《石頭記》大字抄本，怕字太小她看了傷眼睛。這本書後來成了唐須嫈的枕邊書，每晚睡前必看一會兒。

他有次路過珠寶店，看見裡面有一對渾圓碩大的珍珠，心想買回去給妻子鑲耳環一定好看，進店一問，價格昂貴，雖然怕妻子說他亂花錢，但最終還是買了回去。後來楊絳曾見母親戴過，比她之前戴的珍珠耳環大得多，很是漂亮。

他在官場上桀驁不馴，犯起牛脾氣來誰也不服，人送外號「瘋騎士」，但在妻子面前他總是服服帖帖，從不亂發脾氣，連句重話也不曾說過。據楊絳回憶，從小到大，她沒聽到父母吵過一次架。

比不吵架更難得的是，父親和母親無話不談，有許多共同語言，平常相處就像老朋友一般。在小楊絳眼裡，他們談的話真多，「過去的、當前的，有關自己的、有關親戚朋友的，可笑的、可恨的、可氣的……他們有時嘲笑，有時感慨，有時自我檢討，有時總結經驗。兩人一生中長河一般的對話，聽來好像閱讀拉布呂耶爾的《人性與世態》……我父親辭官後做了律師。他把每一件受理的案子都詳細向我母親敘述：為什麼事，牽涉什麼人等等。他們倆一起分析、一起議論。那些案件，都可補充《人性與世態》作為生動的例證。」

當小楊絳驚訝於父母之間怎麼會有如此多的話可談時，可能沒有想到，若干年後，她和另外一個人，也將擁有「長河一般的對話」，他們的對話，將「人性與世態」演繹得同樣入木三分。

父母的相處模式對子女影響極大，子女成家之後，會不知不覺地模仿父母的相處方式。父母相親相愛，便是給子女最好的禮物。楊蔭杭與唐須嫈之間這種互相尊重、相知默契的關係，讓楊絳和她的兄弟姊妹們感覺到：原來夫妻之間也可以像朋友一樣相處，也可以如此自然和諧。

很多年以後，錢鍾書盛讚楊絳是「最才的女」「最賢的妻」，其實最應該感謝的，是他的岳父岳母。父親，是楊絳人生中的第一位偶像，促她與文學結緣；母親，則是她人生中的第一位榜樣，教她如何做一名賢妻。

不讀書，一星期就白活了

若你以為小阿季從小就是個凝重嚴肅的小大人，那就想錯了。楊絳在父母面前是很乖巧的，可在學校的時候也有淘氣的一面，和老師頂嘴，上課開小差這種事都幹過，還曾經做過

「孩子王」呢。當然，總的來說她還是個乖學生，多數時候很好管束，偶爾頑皮，也只是出於孩子的天性，性格並不叛逆。

她出生在北京，兒時的絕大多數時光都在京城度過。那時她三個姊姊都留在南方讀書，只有她成了「獨養女兒」，難免有點唯我獨尊。

小時候的楊絳長得面團團，胖乎乎，十分可愛。她在女高師（國立女子高等師範學校）附小讀書時，三姑母楊蔭榆正好在女高師任「學監」，可能是看在姑母的面子上，女高師的學生經常過來帶她去玩，帶她盪鞦韆、跳繩，有一次演戲時還被借去扮演「花神」，把她滿頭的牛角小辮盤在頭頂，插滿了花，衣服上也貼滿金花。

成年後，楊絳對這段出風頭的經歷記憶猶新，但她並不覺得這是自己特別可愛的緣故，而是謙虛地表示全是沾了三姑母的光。

她在女高師附小一直讀到初小三年級，然後正逢父親鬧了扣押交通總長的風波，在北京官場待不下去了，便帶著一家老小回到了無錫老家。對在北京生活的日子，楊絳沒太多回憶，只是後來偶爾和人打招呼時還能說一口京片子。

回無錫後因父親病重，母親無暇管兒女，就把她們姊妹幾個都送到了離家最近的大王廟小學讀書。

那一年，楊絳八歲，正是剛剛記事的時候。雖然她在大王廟小學僅僅待了半學期，但這所學校給她留下的印象分外生動。

顧名思義，這所學校是由一座大王廟改建的，之前供著什麼大王，誰也說不清楚。學校十分簡陋，全部四個班八十多個男女同學都擠在一間教室裡，除了校長，只有一個老師，學生們背後都叫他「孫光頭」。孫光頭沒什麼學問，教科書上有一課文道：「子曰，父母之年，不可不知也……」他向學生解釋說「子曰」就是「兒子說」。他脾氣暴躁，總是愛拿教鞭打人。楊絳倒是從來沒有挨過打，但她總擔心別的同學挨打。

和同學們相比，楊絳雖然年紀小，個頭小，膽子卻挺大。學校裡有一棵大槐樹，下午太陽西斜，將樹影隔窗映在東牆上，留下一道淡黑的影子。女生們都說是鬼，嚇得躲出去。楊絳堅持認為那是樹影，不是鬼。為了證明自己是對的，她還故意用腳去踢那黑影，女生們嚇得把她也看成了鬼。

父親病好之後，覺得大王廟小學太差，想給孩子們轉學。正好楊絳的大姊楊壽康在啟明女校教書，願意帶著兩個妹妹去啟明上學。

母親唐須嫈因為二女兒在啟明讀書時患傷寒去世，不大放心讓楊絳外出求學，畢竟她才十歲。她為女兒準備了一個小箱子，問女兒是否打定了主意。楊絳回答說願意去，眼淚卻流了下來，那是依戀母親的熱淚。

母親給了她一塊嶄新的銀圓，她用大姊給的細麻紗紅花手絹兒包起來，貼身藏著。直到銀圓被焐得又暖又亮，也捨不得用。

啟明女校在當時是著名的洋學堂，和大王廟小學比起來氣派多了，一間英文教室就比整個大王廟小學還要大。這裡的課程設置也相當西化，學生們除了要學中文、英文、算術、格物（物理）等課程外，還要學體操、繪畫、掐琴（彈琴）等。因為是教會學校，老師都是修女，孩子們稱她們為「姆姆」。

兩個姊姊都很忙，楊絳要學的第一課就是生活自理。她要自己穿衣服、洗漱、編小辮、洗手絹、洗襪子，這些都不算難。最困難的是鋪床，得先把帳子拾掇好撩上床頂。她個子矮，只得把凳子忽而搬到床頭，忽而搬到床尾，上上下下好幾次，才能把帳子搭得整齊。收拾好帳子再鋪床，她為了把床鋪好，要繞著床前床後走好多次，一直等到床兩邊垂下同樣寬的床單才罷手。

大家都誇她的床鋪得整齊，楊絳聽了心裡很高興。她做什麼事都一絲不苟，連洗臉的毛巾都要洗得白白的。她又好強，不願意向兩個姊姊求助，力求自己的事情自己完成。

按照學校的規矩，學生們每天吃完飯後，都可以去花園中自由玩耍，叫作「散心」。一開始楊絳最怕散心了，因為同學們都三三兩兩，唯有她孤孤單單。好在她很快找到了一個朋友，這個朋友比她大一歲半，個子也高些，性格開朗活潑，兩人經常一同「散心」，朋友還教會了她雙腿盤著鞦韆繩子一直爬到鞦韆頂上。

在啟明女校，淘氣的小孩被叫作「小鬼」，楊絳剛進學校時，也經常淘氣，屬於「小鬼」行列。

有一天，英文課上，楊絳和朋友在課堂上講話，上課的姆姆很生氣，罰她「站壁角」。楊絳心裡很不服氣，認為兩個人說話，為什麼單罰她一個人，於是不肯面向牆壁站好，而是對著班上同學哇哇大哭。老師讓她回座位，她卻不聽，依然哭個不停。最後是校長禮姆姆過來哄她，還用自己的手絹給她擦眼淚，她才停止哭泣。

那個和她一起講話的朋友始終陪著她，跟在她後面，她覺得這位朋友還挺仗義的。

還有一次，姆姆們帶著孩子們到私家花園去玩耍時，一個孩子一不小心，陷進了泥塘裡。孩子們向姆姆求助，姆姆卻不肯理，說「沒志氣的孩子，讓她去」。楊絳一聽急了，不顧姆姆的反對，急忙跑到泥塘邊發號施令，讓那個沾了一腿泥的同學把外面的泥褲子剝下來，只穿裡面的褲子，又叫穿了兩雙襪子的同學脫下一雙給她。

一群小鬼見她調度得當，仗義出手，都很佩服，擁戴她為「大王」，起初楊絳也很得意，後來覺得和小鬼們玩挺無聊的，於是仍然和她之前的朋友一起玩耍。

入校不久，楊絳每門功課都很優秀，順利升了班次，頗受姆姆們的寵愛。一位體操老師尤其喜歡她，稱她為「baby」，總是在體操課上叫她在全班同學面前做示範。小鬼們把姆姆喜歡的孩子叫作「Darling」，楊絳是好幾個姆姆的「Darling」，依姆姆尤其鍾愛她。有次教中文的鄒先生布置一篇作文，題目叫作〈惜陰〉。楊絳寫道：「古之聖賢豪傑，皆知惜陰。」依姆姆看了之後，到處誇讚說：「小季康明悟好來（好得很的意思）！」

在啟明一共生活了三年多，楊絳對這段歲月頗難忘懷，日後常常向錢鍾書提起，錢鍾書聽得津津有味，連說好玩，並勸她寫下來。直到二〇〇二年她才提筆寫了〈我在啟明上學〉，那時她已經是九十一歲的老人了，可是回憶起那段往事，宛如穿越時光回到童年，字裡行間洋溢著童真童趣，讓人讀了忍不住會心一笑，深感她在啟明那幾年過得確實很快樂。

楊絳的大姊楊壽康在啟明念書，後來又留在啟明當老師，深受教會學校的影響，一心想當修女。楊蔭杭知道後，擔心楊絳在那待久了，也會受影響，在三姑母楊蔭榆的建議下，楊絳轉學去蘇州振華女校。

初到振華，楊絳對這所校舍簡陋，看起來破破爛爛的學校十分失望，她曾說：「由上海啟明轉學入振華，就好比女師大附小轉入了大王廟！」

振華女校的老師開始對這位學生也並無好感，尤其是教國文的一年級老師「大老王」，他覺得這位女學生發育不良，個子矮小，看起來不像一個中學生，倒像是小學生坐錯了教室。楊絳寫作文時提到去遊園時帶了「糖一包」，「大老王」沒好氣地批評她說：「你倒不說帶五香豆一包？」

楊絳個子不高，也較同學幼稚，時有淘氣的行為。在國文課上，她偷偷撥弄古琴，還彈出了聲音。還有一次，她在課堂上吹絨球玩，樂得笑出了聲。校長王季玉有點重聽，在耳朵裡插了根小管助聽，楊絳看了，馬上偷偷模仿她，在自己耳朵裡插了個鉛筆套，王季玉又好氣又好笑，叫她：「戇大！」

這位校長特別喜歡楊絳，說她聰明，有靈性，每天和她同桌吃飯時，總會將家裡帶來的菜餚分給她吃。楊絳各科程度參差不一，為了遷就她，王季玉校長總是把課程表的有關課目調來換去，以避免她在各班上課時間上發生衝突。

楊絳在啟明是優等生，到了振華第一學期的期末考，國文才考了六十分，因為振華的標準是六十五分才及格，所以等於不及格。父親一貫認為考一百分的都是低能，倒是不以為意，認為長大些就好了。

到了下個學期，楊絳果然就長進多了，不再像小孩子那樣貪玩，而是貪讀書，在她小小的心裡，沒有什麼事兒比讀書更好玩。她喜歡讀詩詞小說，中外的名著都讀，生病時沒去上課，就躺在床上讀狄更斯的《大衛・科波菲爾》。當時流行的冰心散文和蘇曼殊的小說她也全讀了。升入高中後，有次讀到李煜的詞，楊絳喜歡得不行，就找了他所有的詞來讀。父親笑她「喜歡辭章之學」，而他自己最愛讀的則是杜甫詩，每過一陣，就對女兒說：「我又把杜甫的詩讀了一遍。」

父親有一次問她：「阿季，三天不讓你看書，你怎麼樣？」

「不好過。」

「一星期不讓你看呢？」

「一星期都白活了。」

父親笑著說：「其實我也一樣。」

楊絳升入高中後，國文老師曾命學生作詩。有一次孫伯南先生出的大考試卷上就是要求作詩，她便作了兩首五古：

齋居書懷

其一：

松風響颼颼，岑寂苦影獨。
破悶讀古書，胸襟何卓犖。
有時苦拘束，徘徊清澗曲。
俯視溪中魚，相彼鳥飲啄。

其二：

世人皆為利，擾擾如逐鹿。
安得敖遊此，翛然自脫俗。

染絲泣揚朱，潸焉淚盈掬。
今日有所懷，書此愁萬斛。

孫伯南先生在試卷上批了「仙童好靜」四個字，楊絳那時年少，未必體會得到詩中的「愁萬斛」是何滋味，多年後重讀少作不禁莞爾一笑。中國人喜歡說詩為心聲，這兩首舊作雖然還稍顯稚嫩，卻不難看出作詩者高出流俗的胸襟，以及對隱士生活的追慕。

自從視讀書為最大愛好，楊絳一生都和詩書做了閨中伴，她曾經寫過一篇文章，把讀書比作隱身的「串門子」——「要參見欽佩的老師或拜謁有名的學者，不必事前打招呼求見，也不怕攪擾主人。翻開書面就闖進大門，翻過幾頁就升堂入室，而且可以經常去，時刻去，如果不得要領，還可以不辭而別，或者另找高明，和他對質。」在楊絳看來，這是「書以外的世界裡難得的自由」。

如此愛好讀書，楊絳的學習成績自然突飛猛進，物理老師布置了習題，班上同學大多抄她的作業，英文課前同學們都查字典，唯有她看看書就上課去了，用不著查。更重要的是，讀書讓她敏於思考，從而有了自己的判斷，不會人云亦云。

國文課上，馬先生講到「白馬，非馬也」，她反駁說：「不通，就是不通，假如我說『馬先生，非人也』，行嗎？」引得同學們一陣哄笑。

中學時代的楊絳還是很樂於發展各方面能力的，她當過高中部長，做過英文會長、演講會長，還擔任過學生自治會的會計，同學們譽之「財政部長」。這個財政部長可不是什麼好差事，每次收上來的銅板髒兮兮的，堆了一床。性好整潔的楊絳卻樂在其中，認為這對拓展自己的能力有益。

在振華，楊絳由一個小蘿蔔頭長成了豆蔻少女，學了很多本領，我們已經隱隱能從這個少女阿季的身上，看到日後那個楊絳的影子。愛讀書、性嫻靜、有主見、不喜政治，這些構成楊絳性格的特質已經開始顯露出來了。

振華和啟明不同的是，允許學生走讀，所以楊絳有了更多和家人相聚的時間。那幾年，父親在蘇州廟堂巷買了一棟有花園的大房子，母親在楊絳到上海讀書期間又生了小妹妹楊必，家裡的兄弟姊妹更多，也更熱鬧了。

每到夏日，花園裡綠蔭如蓋，爸爸媽媽帶著孩子們坐在樹底下乘涼，母親教孩子們辨認天上的星星：這是牛郎星，那是織女星，還有北斗七星……涼風習習，將一家人的笑語聲傳得很遠很遠。

那是楊絳記憶中最美的夏日。那時候，雙親健在，手足和樂，她青春年少，完全不諳愁滋味。她後來回憶說：「在廟堂巷，父母姊妹兄弟在一起，生活非常悠閒、清靜、豐富、溫馨。廟堂巷的歲月，是我一生最回味無窮的日子。」

立志要趁早

大學時代是至關重要的，往往奠定一個人今後的事業方向。楊絳的大學生活豐富多彩，只是有兩樁遺憾的事：一是沒有去到嚮往的大學，一是沒有讀到嚮往的專業。

一九二八年六月，楊絳只用五年時間修完振華女中六年的中學課程，得以提前畢業，免試保送東吳大學。但是她一心想讀的是清華，可惜那年清華不來上海招生。第二年，和她同班的好朋友蔣恩鈿等人考上清華，楊絳深以為憾，覺得早知如此，還不如晚一年畢業。

進入東吳一年後，面臨著分科的問題。楊絳那時候少年心性，一心想學一門「有益」的專業。東吳最強的兩個專業是醫學預科和法學預科，她考慮過做律師，可父親看透了當時國內司法腐敗的現狀，堅持反對她學法律。她後來聽了南丁格爾的故事，又想學醫，可上生物實驗課時要活剝螃蟹的殼，她都下不了手。還有一次同學偷帶她去醫院看醫生做外科手術，她看了之後，當時沒有暈倒，但後來整整兩個星期吃不下肉。這樣看來，她也並不適合學醫。

關鍵時刻，還是父親鼓勵她喜歡什麼就學什麼，不用考慮有益無益。於是楊絳選了文科，可惜東吳沒有文學系，她只得進了政治系。

很多大學生其實都面臨這樣的問題：高考放榜後，沒有被第一志願的大學錄取。進入大學後，又沒有如願讀上最想讀的專業。這種情況下，應該怎麼辦呢？

楊絳在東吳的做法對如今的大學生尚有借鑒意義。她雖然心有遺憾，卻並沒有因此消沉，而是振作精神，學好每一門學科。她中英文俱佳，是學校裡著名的「筆桿子」，東吳大學「一九二八年英文級史」「一九二九年中文級史」均是她的手筆。

瘦瘦弱弱的她，居然還是東吳的「排球女將」，在和外校舉行的排球比賽上，兩隊恰好打成平局，她用盡力氣，握著拳頭奮力一擊，排球砰的一聲落地不起，她為學校排球隊贏得至關重要的一分，鼓舞了士氣，最終東吳獲勝。後來每當她看到電視上的排球賽，總忍不住得意地說：「我也得過一分！」她在東吳還認識了一個重要的朋友——周芬。周芬和她性情相近，都是衣著樸素、性格文靜的優等生，兩人同進同出，長得都很清秀，成為了東吳大學裡一道不得不看的風景。楊絳的朋友不算特別多，但認定了哪個朋友，往往就是一輩子，周芬就和她維持了終生的友誼。

楊絳不屬於那種特別用功的學生，從不頭懸樑錐刺股，甚至從不開夜車。可她領悟力強，記憶力好，學習時既認真又有股機靈勁兒，到了大學三年級的時候，她的功課成績（包括體育）全是一等。全校僅僅只有三個「純一等」，她就是其中之一。

她對政治實在沒什麼興趣，讀的是政治系，卻不問政治且遠離政治，從不參與當時學生們熱衷的鬧學潮。除了上課，她將大量時間花在學校的圖書館裡，以博覽群書為樂。古今中外的經典書籍看了個遍，古希臘悲劇、佛洛伊德心理學，都是在那個時期開始接觸的。同時，她對外語學習產生濃厚的興趣，讀了大量的外文原版書，還跟著一名比利時洋夫人學習法語，這為她後來從事翻譯工作奠定良好的基礎。

善於自學是楊絳性格中的一大特質，她有隨遇而安的一面，但對於真正喜歡的事物從不放棄，執著追求。她逐漸認識到：「最喜愛的學科並不就是最容易的。我在中學背熟的古文『天下一致而百慮，同歸而殊途』還深印在腦裡。我既不能當醫生治病救人，又不配當政治家治國安民，我只能就自己性情所近的途徑，盡我的一份力。如今我看到自己幼而無知，老而無成，當年卻也曾那麼嚴肅認真地要求自己，不禁愧汗自笑。不過這也足以證明：一個人沒有經驗，沒有學問，沒有天才，也會有要好向上的心——儘管有志無成。」

「幼而無知，老而無成」當然是她自謙的說法，不過楊絳這段體悟對於當今的年輕人仍有啟發：首先，立志要趁早，人年少時得有要好向上的心；其次，最喜愛的學科並不就是最容易的，確定了喜歡的目標後，就得矢志不渝地努力。

楊絳這一生，對於讀書寫作，從來都孜孜不倦，真正做到了孔子所說的：「造次必於是，顛沛必於是。」

東吳時代的楊絳，是很引人注目的。她身材嬌小，進校時梳個娃娃頭，一張孩兒面，皮膚白裡透紅，兩頰、鼻子都瑩光閃閃，頰上像塗了胭脂，嘴唇像點了唇膏，連蘇州太太見了都忍不住稱讚說：「喔唷，花色好得來！」

因為長得像洋娃娃般稚氣可愛，又姓楊，同學們暗地裡稱楊絳為「洋囡囡」。東吳大學的校刊甚至刊登一張圖片，上面是楊絳的頭像，底下是一堆洋娃娃。由此，「洋囡囡」之名紅遍全校。

「洋囡囡」甫一進校，驚豔了不少男生。有人專門為她作了十首舊體詩，其中有一句是「最是看君倚淑姊，鬢絲初亂頰初紅」，形容楊絳倚著同學沈淑的樣子，臉上紅暈隱現，嬌羞無比，令人想起李清照詞中那位「和羞走，倚門嗅青梅」的閨中女子。

同宿舍的姊妹晚上開臥談會，一位女同學發表議論說，楊絳具備男生追求的女生的五個條件：相貌好、年紀小、功課好、身體健康、家境好。楊絳聽了，窘得只好躲進被窩裡裝睡。

她當時才貌冠群芳，據說追求者有七十餘人，因此被戲稱為「七十二煞」。對此，楊絳晚年對吳學昭自述往事時解釋說：「沒有的事。從沒有人給我寫過情書，因為我很一本正經。我也常收到男同學的信，信上只囑我『你還小，當讀書，不要交朋友』，以示關心。」

這些「以示關心」的信的背後，是否也透露出寫信者對於她異乎尋常的關心？可能是楊絳比較嚴肅，又不和男生親近，所以他們即使心有好感，也不敢明目張膽地在信中示愛。只是有一次，一個男生假裝喝醉了，塞給她一封信。她連忙把信還給他說：「你喝醉了，信還給你，省得你明天後悔。」那男生酒醒後特意向她賠禮，兩人照常做朋友。

那個年代的女大學生「物以稀為貴」，追求者都相當多。比楊絳大一歲的張兆和在中國公學讀書時，不少男生給她寫情書，她把這些情書編為「青蛙一號」「青蛙二號」「青蛙三號」……看完就放在抽屜裡，也不回。有一次收到老師沈從文的信，她愣住了，可看完後還是沒有回。二姊張允和見了取笑說，這大約只能排為「癩蛤蟆十三號」。

楊絳的處理方式較為溫和，不管是對那些寫信叮囑她「不要交朋友」的男生，還是對酒後塞信給她的男生，她都彬彬有禮，既保持一定距離，又從不讓人難堪，除了一個叫作朱雯的男生。他總是說她「太迷人了」，又寫了一篇〈楊朱合傳〉，登在校內一張小報上。楊絳覺得他有些過分了，大學四年都沒理睬過他。

眾男生對著這樣莊重自持的「洋囡囡」，心欲親近而不得，這時候，一個愣頭青對他們說：「我跟楊季康是老同學了，早就跟她認識，你們追她，得走我的門路。」楊絳聽了後哭笑不得，回應說：「我從十三歲到十七歲的四年間，沒見過他一面半面。我已經從一個小鬼長成大人，他認識我什麼啊。」

此君正是費孝通，後來的著名社會學家，著有《江村經濟》等書。他和楊絳自幼相識，楊絳在振華女中讀書時，費母和王季玉校長很熟，怕兒子去了別的學校受人欺負，便讓他讀了女中。

費孝通和楊絳兩人年齡相仿，在振華都算小的。起初他們還常在一起玩，可後來楊絳覺得他呆頭呆腦的，很多女生會玩的遊戲他都不會，就不再找他玩了。費孝通腦子活，算術特別好，老師教四則運算題時，楊絳做不出來，老師就讓費孝通解答。對比之下，楊絳不禁對這個小鬼有了隱隱的敵意。

有一次，老師教土風舞，費孝通和楊絳排在後面，他不肯跳，楊絳就笑他：「我們都是女生，你來幹什麼？」還有一次，她特意在沙地上給他畫了一個胖嘟嘟，嘴巴老閉不攏的醜像，畫好後故意問他：「這是誰呀？」費孝通知道畫的是他，憨笑著沒有回答。

費孝通在振華只念了一年就轉學了，後來兩人都跳了一級，在東吳相遇時竟又成了同班同學，兩人的關係還不錯。有一次同班很多同學一起出遊，其中就有費孝通，大家都留下美好的回憶。多年以後，楊絳仍然記得這次出遊的場景：「一次，大家搖船到青陽地看櫻花，天微雨，抬頭是櫻花，空中是飛花，地下是落花，很美。」

費孝通思想活躍，也愛讀書，在讀書方面稱得上是楊絳的「益友」。楊絳在東吳時，費孝通介紹了不少新書給她看，比如馮友蘭的《中國哲學史》、佛洛伊德的心理學著作、房龍的《我們生活的世界》等。

他和楊絳頗有緣分，從振華、東吳到清華都做過同學，在他心目中，可能早將這位幼時好友當成「意中女友」。晚年他在思想改造運動的交代材料上寫：「我向上爬，是因為女朋友看不起我。」還曾在報紙上發表過一篇文章，稱楊絳是他的初戀。

楊絳看到報紙後辯解說：「費的初戀不是我的初戀。」

為什麼對同樣的一段關係，兩個人的看法會完全不一樣？可能是因為他們之間一直以朋友相處，費孝通又從未向楊絳表白過。在他看來，他和楊絳從小一起長大，關係也挺融洽的，不用挑明就一切盡在不言中了。而在楊絳看來，這完全是他一廂情願，既然都沒有示過好，她又如何開口拒絕？

那個年代的人太過含蓄，卞之琳和張充和之間也鬧過這樣的誤會。詩人卞之琳苦戀才女張充和，幾乎成了當時文學圈內公開的祕密。多年後，張充和跟朋友兼學生蘇煒談到這段「苦戀」時說：「這完全是一個無中生有的故事，說苦戀都有點勉強。我完全沒有和他戀過，所以談不上苦與不苦。」卞之琳精心寫給她的那些信，可能有上百封，她看過就丟了，從來沒有回過。她以為這樣的態度已經很明確了，可卞之琳還是堅持不懈地給她寫信。當蘇煒問道：「你為什麼不跟他說清楚呢？」張充和回答說：「他從來沒有說請客，我怎麼能說不來？」

這兩段故事中，當事人表白和拒絕的方式都太過委婉，以至流傳成了美麗的誤會。

費孝通對楊絳這位「意中女友」始終有份朋友般的情誼，他晚年出了新作，常送給楊絳「指正」，還不時讓女兒給她送些小玩意。錢鍾書去世後，他曾上門拜訪這位舊日好友。楊絳送他下樓時，一語雙關地說：「樓梯不好走，你以後也不要再『知難而上』了。」她始終堅持把他當成普通朋友。

東吳的大學生涯很快就過去了，其間，楊絳有過出國留學的機會，那時振華的校長王季玉為她申請到了美國衛斯理女校的獎學金，學費全免，只需負擔旅費和生活費。楊絳一來不忍增加父親的負擔，二來去衛斯理也只能修政治學，並不符合她的興趣，於是便婉言辭謝了王季玉校長。

楊絳嚮往的一直是清華大學。大四下學期，東吳鬧學潮停課，開學無期，她得到父親的允許後，決定去北京找一所大學借讀。這次北上，不僅圓了她的「清華夢」，還促成了一樁曠世良緣。

在清華借讀的那個學期，她拿到了東吳大學政治系的畢業文憑，但終其一生，她都沒有成為一個熱愛政治的革命者，而是走上了文學和翻譯之路。她在年輕的時候，就已經明確了一生的志向，並從未動搖過。

第二章

姻緣記情

——是夫妻，也是朋友

男女結合最最重要的是感情、雙方互相理解的程度，理解深才能互相欣賞、吸引、支持和鼓勵，兩情相悅。

——楊絳，百歲答記者

民國年間，被稱為「神仙眷屬」的夫妻並不少，他們之中，有的不幸成了怨偶，比如曾被稱為「富春江上神仙侶」的郁達夫和王映霞，後來卻鬧得以離婚收場；有的一方的光芒被另一方蓋住了，比如沈從文和張兆和，張兆和其實也有才華，但最終為丈夫的盛名所掩。

像錢鍾書、楊絳這樣齊頭並駕，同享盛名的夫妻，在文壇上實屬罕見。他們相攜走過半個多世紀的風風雨雨，給浮躁而多變的現代人的婚姻以莫大的啟示。理想的婚姻就應該是錢鍾書和楊絳那樣，志趣相投，心性相契，平淡相守，共度一生。

古月堂前的一見傾心

一九三二年三月，早春的北京乍暖還寒，清華園內古月堂前的薔薇含苞待放，尚未吐露芬芳。

就在這樣一個平平常常的春日，兩個年輕人在古月堂前相遇了。認識他們的孫令銜介紹一位說「這是楊季康」，又介紹另一位說「這是我表兄錢鍾書」。兩人略一點頭，算是打了個招呼，便匆匆地告別了。

他們的初見，遠遠不像很多詩人形容的那樣動人心魄，而是相當尋常，甚至連一句話也沒有說。誰也沒想到，就是這樣一次再普通不過的相遇，成就了一段傳奇的姻緣，因而有了輝映現當代文學史的雙子星座。

人們喜歡把錢楊兩人的相遇歸結為緣分。緣，的確妙不可言，早一步，或者晚一步，他們都有可能會失之交臂。可每一份所謂奇緣背後，往往凝結著當事人不為人知的努力，若不是楊絳鍥而不捨地尋夢清華大學，也不會有古月堂前的那番奇遇。該相逢的人總會相逢，因為當你朝著一個方向努力時，總會有交會的一瞬間。連母親唐須嫈都打趣說：「阿季的腳下拴著月下老人的紅線呢，所以心心念念只想考清華。」

楊絳心裡一直有個「清華夢」，她曾經說：「我生平最大的遺憾就是沒有上清華本科。家人和親友鄭重其事為我選大學，恰恰選了一所對我不合適的大學。我屢想轉清華，終究不成，命也夫。」

她至少有兩次和清華本科失之交臂：一次是從振華提前畢業，被保送到東吳，恰好那年清華不在上海招生，翌年才招；還有一次是一九三〇年暑假，在好友蔣恩鈿的陪同下，她到上海交通大學報考清華，想通過轉學的方式圓清華夢。但拿到准考證後，卻因陪護患了重病的大弟弟寶昌，錯過了考期。

楊絳大四的時候，東吳鬧學潮，她邀了周芬、孫令銜等人一齊北上，原本是打算去燕京大學借讀的，而且通過了燕大的考試。她去清華探訪好友蔣恩鈿，蔣見了她很高興，勸她說，既然來了京城，不如去清華借讀。楊絳聽從了好友的勸說。她一直憧憬著能到清華來讀書，即使做不了正式的學生，做個借讀生也好啊。

初次進清華探訪好友那次，同來的孫令銜正好也來見表兄。他的那位表兄，不是別人，正是錢鍾書。錢鍾書送孫令銜到古月堂門口，楊絳正從裡面出來，恰好遇見了。

他們之前從未見過，但都聽說過對方。錢鍾書考清華時，數學只有十五分，校長羅家倫出於愛才之心，破格錄取了他。大學時代的他年少氣盛，未免有幾分恃才傲物，常在校刊發表文章，言辭犀利，早已名聞清華。楊絳早就聽蔣恩鈿提起過，班上有一位叫錢鍾書的同學，如何學識淵博，如何聰明穎悟。

誰知道一見面，竟發現這位著名的才子穿著一件青布大褂，腳下踏著一雙毛布底鞋，鼻子上架著一副老式大眼鏡。才子們不乏長得風流倜儻的，如詩人徐志摩，而錢鍾書卻是典型的書生長相，楊絳形容為「蔚然而深秀」。後來，有人問楊絳，錢鍾書年少時可「翩翩」？雖然她覺得初見時他的樣子一點都不「翩翩」，可出於詼諧，故意說：「我當然覺得他很翩翩。」

至於錢鍾書，人到中年尚忘不了第一次見面時楊絳的容光，在寫給她的七絕中稱讚道：

纈眼容光憶見初，
薔薇新瓣浸醍醐。
不知洗兒時面，

曾取紅花和雪無？

錢鍾書寫詩好用典故，楊絳後來解釋說，詩中的三四句就用了北齊洗兒歌的典故，說的是春天用紅花、白雪給嬰兒洗臉，能使孩子長大後臉色好看。在他看來，楊絳皮膚光潔白皙，臉暈朝霞，如同薔薇粉白輕紅的花瓣浸在醍醐之中，容色如此姣好，不禁讓人聯想到，也許是幼時用過紅花白雪洗了孩兒面吧？

楊絳認為自己並沒有詩裡描寫的那麼美，這純粹是錢鍾書情人眼裡出西施。她毫不自戀，從來都不覺得自己生得美，很多年後，有人為錢鍾書作傳，她還特意寫信聲明：「我絕非美女，一中年婦女，夏志清見過我，不信去問他。情人眼裡則是另一回事。」

令錢鍾書印象深刻的，當然不僅僅是楊絳的容顏。多年以後，一向和他很「哥們」的女兒錢瑗曾好奇地問他：「爸爸，你倒說說，你是個近視眼怎麼一眼相中媽媽的？」錢鍾書笑答：「我覺得你媽媽與眾不同。」錢瑗再追問是怎麼個與眾不同，他就只笑不回答了。

儘管是第一次相遇，但細說起來兩人幼時還有些淵源。當時楊絳的父親楊蔭杭攜家眷回到無錫，父母帶著小楊絳去流芳聲巷看房子。其時，錢鍾書家正租住在那所房子。那是楊絳第一次登錢家的門，不過並沒有見到錢鍾書。這還是許久後，兩人說起往事，才發現居然幼時已有過這樣奇妙的前緣。

兩人初次相見，對彼此的印象都不錯，都向孫令衡打聽過對方。孫令衡是費孝通的好朋友，知道好友對楊絳的心思，於是對錢鍾書說，「她已經有男朋友了」。對楊絳則說，「錢鍾書已經訂婚了」。

錢鍾書連戀愛都沒談過，怎麼會有已訂婚的傳聞呢？原來葉恭綽的夫人看中了他，想把養女葉崇范許配給他。雙方家長都很樂意，兩個年輕人卻都不同意。那位葉崇范小姐是個有史湘雲做派的豪爽姑娘，讀書時曾經打扮成男孩子的模樣，從學校溜出來，騎著自行車在街上遊玩。她食量大，半打奶油蛋糕或者半打花旗柳丁都能一頓吃完。有一次養母帶她去逛永安百貨，讓她等候片刻，她一口氣吃了三十客霜淇淋。人們根據她名字的諧音，送了她一個外號叫「飯桶」。

當孫令衡告訴楊絳錢鍾書已與葉崇范訂婚時，楊絳不禁想起這位「飯桶」小姐來，覺得她的詼諧做派和面前這個溫文爾雅的書生並不合適。事實上，各花入各眼，葉小姐已有一位做律師的意中人，依她的個性，與許還嫌錢鍾書太文弱了。

錢鍾書雖然從表弟處得知楊絳已有男朋友了，可還是將信將疑，想找她當面問問。於是便給她寫了一封信，約她在清華工字廳相見。

這一次，他們分別坐在一張大桌子的邊角處。剛坐下，錢鍾書就急急地解釋說，孫令衡所說的並不是事實，「我並沒有訂婚」。楊絳也告訴他，「我沒有男朋友」。

兩人相視一笑，都放下心來。他們之前都沒有談過戀愛，因此分外珍重這次會面。要緊的話說了之後，一時也捨不得走，就揀些無關緊要的閒話繼續說。錢鍾書說起最近常失眠，楊絳就介紹一本神經學方面的著作給他。

這在常人眼裡，算得上是一見鍾情吧。可楊絳晚年回憶往事時說：「人世間也許有一見傾心的事，但我無此經歷。」

細想起來，錢鍾書對楊絳興許是一見傾心，楊絳對他卻慢熱了些。他們之間的一切，都發生得自然而然：自然而然地遇見，自然而然地通信，彼此間沒有試探，也沒有兜圈子，而是從一開始就敞開心扉，坦誠相待。

工字廳一別之後，錢鍾書開始給楊絳寫信，兩人通信都用英文，信裡面都是在介紹新近又讀了什麼書，有什麼感想，並無一字涉及男女情愛。錢鍾書還把他的第一篇散文〈竹馬〉寄給楊絳看，文章是用英文寫的，楊絳頗為欣賞，覺得他的文法和語辭都很好，他也稱讚楊絳的英文信寫得好。

朋友式的通信持續了一段時間後，錢鍾書的信越寫越勤，甚至達到了一天一封的程度。清華校內有郵筒，寄信又方便，楊絳當天就能收到信。有時她和蔣恩鈿、袁震等好友外出散步，知道屋裡肯定有封信在等著自己，那份期待讓她慢慢意識到，自己是不是愛上了寫信的人。

除了寫信，錢鍾書也常到古月堂來約她一起散步。一開始，兩人不走小路，專去氣象臺。

氣象臺前有寬寬的臺階，可以坐下來閒聊，這種閒聊也是朋友式的對話。一次，錢鍾書跟她說：「我志氣不大，只想貢獻一生，做做學問。」

對於許多有志於救世濟民的人來說，這樣的志氣著實不算大，楊絳卻覺得很對她的脾胃，她是政治系的畢業生，但對政治毫無興趣，唯一感興趣的是躲進小樓成一統，自由自在地讀書。

就是在一封封信件，一次次閒聊中，兩顆心越靠越攏。談到為何會愛上錢鍾書，楊絳在一百歲時曾撰文寫道：「我與錢鍾書是志同道合的夫妻，我們當初正是因為兩人都酷愛文學，癡迷讀書而互相吸引走到一起的。」

這種基於共同志趣建立的關係十分牢固。一對男女剛剛相愛時，往往特別有激情，當激情消散後，志趣是否相投就顯得特別重要了。沒有共同志趣的人會覺得繼續相處下去，將會越來越索然無味，擁有共同志趣的人之間則永遠都會有話說。

楊絳曾說，夫妻間最重要的是朋友關係。而她和錢鍾書，正是從知心朋友慢慢發展成親密愛人的。在生於民國的諸多才子佳人中，有不少惹人豔羨的伉儷，楊步偉和趙元任就是其中一對。但要論性情相契，幾乎找不到比錢鍾書和楊絳還要投機的，他們在出身、愛好、志趣、性格等各方面都十分接近，要說區別的話，可能錢鍾書更露鋒芒，而楊絳則更蘊藉。

相處一段時間後，在他們常去散步的氣象臺，有個學生不幸觸電身亡，於是他們開始走上了情侶常走的荷塘小道，兩人也越來越像情侶了。

這對後來被當成「天作之合」的情侶，一開始卻並不怎麼被人看好，第一個持反對意見的自然就是費孝通了。

楊絳與錢鍾書互剖心跡之後，給費孝通寫了一封信，告訴他：「我有男朋友了。」費孝通素來以楊絳的保護人自居，心中不服，於是專門跑到古月堂來找她理論。他認為，自己更有資格做楊絳的男朋友，因為他們做了多年的朋友。在得到楊絳明確的拒絕後，他又提出：「我們做個朋友可以嗎？」

楊絳回應：「朋友，可以。但朋友是目的，不是過渡；換句話說，你不是我的男朋友，我不是你的女朋友。若要照你現在的說法，我們不妨絕交。」

費孝通不得不失望而歸。不過他倒是通情達理，後來還和錢鍾書做起了朋友。一九七九年中國社會科學家訪美，同行的人中就有費孝通和錢鍾書，他們還住在同一套間。錢鍾書每天會寫下訪美生活的詳細日記，費孝通見他只給女兒寄信，不給夫人寄，還主動送錢鍾書郵票，讓他給楊絳寄信。其實錢鍾書寫那些日記，是留著回國面交給楊絳的。錢鍾書心中感動，又有些好笑，覺得費孝通和他很像《圍城》中的方鴻漸和趙辛楣，是對「同情兄」。

當時，反對楊絳與錢鍾書交好的人還真不少。楊絳同宿舍的好朋友袁震，天天給她吹冷風，說錢鍾書不但長相不佳，為人也太過狂妄自大。楊絳兒時的好友孫燕華，恰好是那位「飯桶」小姐的親戚，也在她面前不停地說錢鍾書目中無人，驕傲自滿。楊絳聽多了她們說錢鍾書的壞話，總是一笑了之，心裡覺得錢鍾書並不像她們說的那麼糟。

錢鍾書這邊呢，也被人吹過冷風。楊絳選修溫源寧的《英國浪漫詩人》課程，測驗的時候她由於缺乏西方文學的基礎，不得不交了白卷。溫源寧視錢鍾書為得意門生，眼見得這位門生居然找了一個交白卷的女朋友，實在看不下去，便勸錢鍾書說：「pretty girl（漂亮女孩）往往沒頭腦。」但錢鍾書認為楊絳這個「pretty girl」聰慧又可愛，他已經墜入情海，聽不進老師的勸告。

那個學期末，錢鍾書一放假就回家了。他給楊絳寫信說他想訂婚，又叮囑她多留在學校一兩個月，好好補習，爭取考入清華研究院，這樣兩人還可以再同學一年。他走了之後，楊絳感到很難過，而且難過了很長一段時間。等到冷靜下來，她發現自己已經「fall in love」（墜入愛河）了。

從古月堂偶遇至今，才不過短短數月，楊絳也不禁詫異，覺得他們之間的感情發展得太快了，他們相處的時間那麼短，她何以思念他如此深切呢？可感情的深淺，從來都和認識的時間長短沒有關係，人類總是被那些和自己有著相同特質的人深深吸引，相似的靈魂哪怕只有一瞬間的交集都會產生火花，所以古人才有「白頭如新，傾蓋如故」的說法。

楊絳後來在小說《洗澡》中，就描寫了這樣的情境，許彥成與姚宓認識沒多久，「覺得彼此間已有一千年的交情，他們倆已相識了幾輩子。」這是靈魂與靈魂之間的相互認可，就好似寶黛初見。對於兩個有著相似靈魂的人來說，能夠相遇已經是最大的幸運。錢楊偶會，在旁人看來，再平凡不過，只有他們自己才知道，那一刻是多麼激動人心。

為愛築夢清華園

在錢楊的這段感情中，一開始錢鍾書是佔絕對主動地位的，他主動約楊絳出來，主動給她寫信，主動要求訂婚，十分熱情。

楊絳呢，畢竟是女孩子，要矜持一些，沒那麼急切。她回信委婉地表示：不能接受訂婚的要求。至於錢鍾書提到的讓她馬上報考清華研究院，她覺得自己還沒準備好，得等到下年，補齊了清華本科四年所需要的知識才行。

一學期的借讀生涯結束後，楊絳回老家了，一位親戚介紹她去上海工部局華德路小學任教，每個月薪水一百二十元，稱得上是個「金飯碗」了。楊絳原以為小學教員很清閒，剛好有空補習功課，於是欣然赴任。到了那邊第一件事就是去了學校的圖書館，把她認為重要的書通讀了一遍，這成了她日後的習慣。

楊絳去了之後才發現，當小學教員不僅要上課，還要充當「老媽子」，連給小孩子繫褲帶這種事都要幹。她忙得手忙腳亂，偏偏這個時候錢鍾書還寄信過來，一個勁兒地要求她當年就報考清華研究院。楊絳工作忙碌，無暇申辯，索性就不回信了。

這下錢鍾書慌了，以為楊絳從此以後都不理他了。傷心之下，也不敢再寫信過去，而是悄悄作了許多傷感的詩，其時正逢秋天，是最易哀傷相思的季節，這些詩句纏綿悱惻，字裡行間一片傷情。

錢鍾書一生中寫給楊絳的信不知有多少，可惜大多沒保存下來。倒是他寫的這些情詩，有不少流傳了下來。看看這些詩，可以想見他當年感情受挫時有多傷心：

纏綿悱惻好文章，粉戀香淒足斷腸；
答報情癡無別物，辛酸一把淚千行。

此詩簡直像蘇軾評秦少遊被貶至郴州所作之詞，感情不加節制，化淒婉為淒厲，「辛酸一把淚千行」之句，確是斷腸人語。

良宵苦被睡相謾，獵獵風聲測測寒；
如此星辰如此月，與誰指點與誰看。

望月懷遠一直是中國人的傳統，所謂「情人怨遙夜，竟夕起相思」，錢鍾書此詩，情致宛轉，用語清新，可以想見，秋月漸明之夜，他卻孑然一身，難免會思念遠方的意中人。可惜意中人著實可恨，連封信也不來，於是便有了下面這首詩：

依穰小妹劇關心，髫辮多情一往深；
別後經時無隻字，居然惜墨抵兼金。

詩中所說的「別後經時無隻字，居然惜墨抵兼金」，顯然是指見不到楊絳的信。楊絳不像錢鍾書那樣愛寫信，有次他忍不住問起了她，她回答說：「我不愛寫信。」錢鍾書沒再說什麼，照寫不誤，只是心裡未免有幾分薄薄的委屈。後來他寫《圍城》時，還念念不忘這段往事，書中的唐曉芙也不愛寫信，這點和楊絳如出一轍，都著實令喜歡上她們的男人苦惱。

錢鍾書畢竟是個書呆子，又是第一次戀愛，實在沒什麼經驗，他不敢像民國其他才子一樣，一封一封滾燙的情書寄出去，死皮賴臉地求意中人接受他。民國時的男作家們一個比一個會寫信，一個比一個情話寫得好。錢鍾書尚在失意的時候，湘西才子沈從文已經憑他那些寫得絕美的情書，征服了張家三小姐的心。

同樣是情書，沈從文把情話寫得像詩一樣美妙，看看這些句子：

我行過許多地方的橋，看過許多次的雲，喝過許多種類的酒，卻只愛過一個正當最好年齡的人。

如果我愛你是你的不幸，你這不幸是同我的生命一樣長久的。

求你將我放在你心上如印記，帶在你臂上如戳記。我念誦著雅歌來希望你，我的好人。

還有一個情書聖手是朱生豪，正是他寫的那些情書，讓他和宋清如的佳話流傳至今：

我願意捨棄一切，以想念你終此一生。

世上一切算什麼，只要有你。

要是世上只有我們兩個人該多麼好，我一定把你欺負得哭不出來。

我一天一天明白你的平凡，同時卻一天一天愈更深切地愛你。你如照鏡子，你不會看得見你特別好的所在，但你如走進我的心裡來時，你一定能知道自己是怎樣的好法。

這樣熾熱甜蜜的表白，錢鍾書是寫不出來的，他驕傲慣了，受了女朋友的冷落，也只會一個人對著明月，苦吟「如此星辰如此夜，與誰指點與誰看」。不過各花入各眼，以楊絳蘊藉含蓄的性格，估計也欣賞不了「求你將我放在你心上如印記」這般熾烈直白的情話，還是錢鍾書那些委婉的舊體情詩更適合她。

錢鍾書暗自傷懷了好久，最後和他們都熟的蔣恩鈿看不過去了，勸他與其在家裡寫詩，不如直接寫信給楊絳。

那段時間，楊絳雖然沒回信，心裡卻一直掛念著錢鍾書。收到他的信後，發現寫得特別誠懇，她很感動，便提筆回了一封信，由此兩人又恢復了通信。錢鍾書來信說清華研究院招生需考第三門外語，她聽了連忙自學德語，只花了三個月時間，居然能讀懂德文名著《茵夢湖》。誰知快到考試時，清華臨時公布只需考兩門外語，幸好她的英文、法文功底都很扎實，還是考上了。

錢鍾書的那些情詩，當然也沒白寫，一九三三年，他將近年來的詩編成《中書君詩》，這是他最早的詩集，寫給楊絳的那些情詩就全都收入其中，扉頁上還專門題有「呵凍寫與季康」。中書君是他早年的筆名，既和「鍾書」諧音，又是筆的別稱。楊絳也寫過一副戲贈錢鍾書的對聯：「中書君即管城子，大學者兼小說家」。管城子、中書君，在古時都代指毛筆。

楊絳在上海任教沒多久，出了一身蕁麻疹，便把「金飯碗」讓給了一個親戚，自己回蘇州，一邊休養，一邊複習功課。楊絳告訴大姊楊壽康，她和錢鍾書之間的事，母親唐須嫈知道後，覺得還是聽從父母安排的好，父親楊蔭杭則明白，女兒是個有主見的人，婚姻大事，必定不肯聽旁人做主。

她寫信邀請錢鍾書來家見見父親，錢鍾書應約前來。第一次見面，楊蔭杭對他印象不錯，評價說：「人是高明的。」

這對翁婿彼此之間甚為相得，後來關係非常好，錢鍾書對父親錢基博有些畏懼，和岳父楊蔭杭卻相處得特別融洽。究其原因，可能是因為楊蔭杭為人親切，待子女較為寬厚。

楊蔭杭欣賞錢鍾書，因為他們同樣是愛書成癡的讀書人，彼此間惺惺相惜。他酷愛音韻學，喜歡將各個時代的韻書逐字推敲，楊絳幼時見了，笑父親：「爸爸讀一個字、一個字的書。」

後來楊蔭杭見到錢鍾書抱著本大字典在啃，頓時感到找到了同類，樂得馬上叫來楊絳說：「哼哼，阿季，還有個人也在讀一個字、一個字的書呢！」

錢鍾書初次拜訪楊家之後，從楊絳那得知楊蔭杭稱他「人是高明的」，忽然開了竅，不待徵求楊絳的意見，便央求父親錢基博上門提親。

錢基博雖未見過楊絳，但對她印象很好。原來錢鍾書與楊絳兩人通信頻繁，有一次，錢基博私自拆了楊絳的一封信，見信裡寫著：「『毋友不如己者』，我的朋友個個都比我強。」老先生一看，此言「實獲我心」。

在另一個版本的傳說裡，錢老先生拆開的那封信裡寫的是：「現在吾兩人快活無用，須兩家父母兄弟皆大歡喜，吾兩人之快樂乃徹始徹終不受障礙。」老先生讚曰：「此誠聰明人語。」

到底是楊絳的哪封信打動了未來的公公？後來她猜想，多半錢老先生每信必拆，看得懂的都看了，還要和錢鍾書的叔父議論一番。

不管最打動他的是哪一句話，最後的結果就是，錢老先生親自給楊絳寫了一封信，在信裡把兒子鄭重其事地託付給了她。楊絳得信後大窘，問錢鍾書該怎麼回。錢鍾書笑著說，不用回。楊絳之後覺得，錢老先生的這種做派，倒是大有《圍城》中方遯翁之風，一樣的名士瀟灑，「迂」得可愛。

錢基博應了兒子之請，帶著他一起到蘇州登門拜訪，還請了楊蔭杭的兩位好友作為媒人。楊蔭杭還以為女兒早就答應了，匆忙間不知道如何應對，只得點頭同意了。身為父親，他雖然擔心錢鍾書尚未畢業，前途未卜，但他是個開明的爸爸，只要女兒喜歡，他自然不會阻攔。

錢楊兩家在蘇州一家酒館裡擺了幾桌酒席，宴請雙方的親朋好友，就當替兩人訂了婚。回想起這次「訂婚宴」，楊絳覺得頗有些滑稽，她說：「明明是我把默存介紹給我爸爸，爸爸很賞識他，不就是肯定了嗎？」（編按：錢鍾書，字默存）

他們之間雖是新式的自由戀愛，卻也多少遵循了「父母之命，媒妁之言」。訂婚宴當天除了兩家的親戚外，錢穆也在席，男女還是分席坐的。楊絳十分茫然，不記得到底是怎麼訂的婚，只知道從此之後，她就是錢鍾書的未婚妻了。

兩人訂婚之後，楊絳北上清華研究院求學，錢鍾書那時已經畢業，應上海光華大學之聘，擔任英語講師，月薪九十元。錢基博和錢穆是同宗，關係很好，他特意介紹未來兒媳給錢穆先生，約定乘同一趟車去，並託他照顧楊絳。

這時錢楊二人又是兩地相思，只是終身已定，錢鍾書思念起未婚妻來，也不再「辛酸一把淚千行」，他寫的信，也開始發揮其獨有的「錢氏幽默」。楊絳放假在家時，他幾乎每天都有信來，有一次落款自稱為「門內角落」，門房趙佩榮百思不得其解，不得不問楊絳，「門內角落」到底是什麼意思。楊絳也答不出，去信問了錢鍾書才知道，「門內」即money（錢），「角落」乃clock（鐘），錢鍾書一向喜歡玩這種文字遊戲，得知他的用意後，全家大笑，俏媚眼總算沒有白做給瞎子看。

那時候的師生都有春假，楊絳入清華研究院的那年四月，錢鍾書特意赴京來看她。他以前只知道以讀書為樂，在清華讀了四年書，只去了香山和頤和園。楊絳則天性愛好遊玩，在她的陪伴下，錢鍾書這次也遊遍了北京郊外名勝。

此時春光正好，兩人攜手同行，情話綿綿，自羨神仙不如。錢鍾書以前每日埋頭苦讀，這次方知遊玩之樂，他最欣賞的是玉泉山和玉泉潭。關於玉泉山的這次春遊，他們兩人都有唱和之作。楊絳的〈玉泉山聞鈴〉描繪的是眼前之景，錢鍾書和作〈玉泉山同絳〉則著眼意中之人：「久坐檻生暖，忘言意轉深。明朝即長路，惜取此時心。」

有句話說，還沒分離就已開始想念，倒是和錢鍾書詩中所寫的心境頗為類似，他和楊絳在玉泉山上相對靜坐，一想到馬上就將分離，便起了依依不捨之情，更加珍惜眼前的相聚。

這一段短暫的相聚，給二人留下甜蜜而美好的回憶。錢鍾書有詩為證：「分飛勞燕原同命，異處參商亦共天。自是歡娛常苦短，遊仙七日已千年。」古人以遇仙為極樂，對於熱戀中的中書君來說，與愛侶相會，心情之舒暢美妙，無異於一場遊仙記。

都說詩為心聲，這個時候錢鍾書寫的詩，已經一掃去年秋天的那種愁悶之氣，筆端寫不盡的只有旖旎，訴不完的只有依戀。那時他「對月懷人」，只覺得「秋風秋雨愁煞人」，如今卻覺得春花春柳無限好。

從古月堂前初遇，到玉泉山上同遊，時間只不過過去了短短兩年，他們的愛情經歷了最初的小小波折，已經變得越發深厚。他們之間，沒有曲折離奇的遇合，也沒有動人心魄的浪漫，從相遇到相戀、相知，一切都自然而然，水到渠成。他們之間理解得愈多，相知就愈深，感情也就愈好。

愛情的果實已經成熟了，只待瓜熟蒂落。

精神上的門當戶對

一九三五年七月十三日，一場特殊的婚禮在蘇州廟堂巷舉行。這是當年最熱的一天，新郎、新娘都穿上了正式的禮服，新郎穿的是黑色西裝，因為太熱，西裝上的白色領圈被汗水浸得又黃又軟。結婚照上，每個人都大汗淋漓，顯得狼狽不堪。新人、伴娘、提花籃的小女孩、提婚紗的小男孩，一個個都像剛被員警拿獲的扒手。

領圈被汗水浸透的那位新郎，正是錢鍾書，而新娘自然是楊絳。他們對婚禮的這一幕記憶猶新，錢鍾書甚至把它寫進了《圍城》中。

那一年，錢鍾書二十四歲，楊絳二十三歲。

他們原本不用趕在這個熱死人的黃道吉日舉行婚禮，急著結婚的原因是錢鍾書通過了出國留學的考試，想提前把婚禮辦了，就能攜眷一起出國。

一九三五年春天，錢鍾書教書已快滿兩年，他報名參加中英庚款留英考試。報名參考的有兩百九十人，但錄取名額只有二十四人，錢鍾書想讀的英國文學專業只招一人。

很多人原本想報考英國文學專業，聽說錢鍾書報考了，便不再報名或者轉報其他專業。錢鍾書果然不負眾望，考分高達八七・九五，在此次考試中分數最高，成為唯一的英國文學專業錄取生。

錢鍾書第一時間將這個喜訊告訴了楊絳，並透露了想和她一起出國的願望。楊絳當時在清華大學研究院尚未畢業，但是她考慮到錢鍾書生活自理能力差，有自己陪同的話可以照顧他，便毫不猶豫地辦理了休學。她當時沒有任何國外學校的獎學金，所有費用只能自理。

其實，沒能完成清華研究院的學業，楊絳終生都有些遺憾，因為提前休學，她總是被稱為「清華肄業生」，而不是畢業生。但她自從和錢鍾書定了終身，總是把他的事情放在第一位，自己的事一律靠後。他們的婚姻延續了六十多年，這六十多年間，她事事都以他為先，心甘情願，一如最初。

兩年前錢穆和楊絳一同北上時，見她只拎了一口小箱子，誇獎她說：「我看你是個有決斷的人。」楊絳問他：「何以見得？」錢穆回答說：「只看你行李簡單，便知你能抉擇。」不得不說，錢穆先生有一雙能識人的眼睛。縱觀楊絳生平，但凡碰到緊急重要的事，她總是當機立斷，隨機應變，善於做出自己最想做的抉擇，對其餘細枝末節一概不顧，這次從清華休學就是如此，的確稱得上「有決斷」，而她唯一放心不下的是漸已年老的父母。

父親楊蔭杭給她的印象一直是家裡的頂樑柱，可就在一九三四年暑假，她從清華回家度假時，父親告訴她說：「阿季，爸爸鬧了一個笑話。」原來他在最近一次出庭時，因為突然中風，當場一句話都說不出來。

楊絳想像著一貫威嚴的父親在法庭上說不出話來的場景，傷心得淚盈於睫。父親手頭還有一個案件未了，他以前總是不放心讓女兒幫他寫狀子，這次卻不得不開口求助。楊絳幫父親寫好了狀子，擔心寫得不好，會被責罵，結果父親什麼都沒說，只是改了幾個字。

父親多年的律師生涯至此落下了帷幕，想來不是不傷心的，所以才會那樣心灰意懶。

楊絳辦完休學後，可以提前一個月回家。她來不及通知父母，便收拾行李乘了火車南下。她最掛念父親，下午三點左右到了家，把行李一放，就飛奔到父親房裡，嘴裡喊著：「爸爸！」

奇怪的是，父親楊蔭杭像是早就知道她今天會回來，一掀帳子下了床，喜道：「哦，可不是回來了！」

原來那天父親和往常一樣午休，即將入睡時，恍惚間覺得楊絳從北京回來了。他以為女兒是在夫人房裡，連忙跑過去問：「阿季呢？」

母親唐須嫈覺得莫名其妙，說：「哪來的阿季？」

父親說：「她不是回來了嗎？」

母親笑他太掛念女兒了：「這會子怎麼會回來？」

父親只得繼續回房午睡，翻來覆去正睡不著，忽見女兒從天而降，不禁開心地說：「真有心靈感應這回事。曾母齧指，曾子心痛，我現在相信了。」

父女相聚，其樂融融，可楊絳一想到自己即將離開家鄉，而父母年邁，弟妹稚弱，還真是放心不下。楊蔭杭知道女兒放心不下，便安慰她說，只管安心去國外學習，家裡的事，他自然會安排，不用擔心。母親唐須嫈則擔憂女兒在家從來沒有做過家務，去到人口眾多的婆家，又如何應付得來，於是執意要楊絳帶了她最得力的女傭阿增弟去，楊絳忙推說錢家那邊有人可用，母親才作罷。

知道女兒就要出嫁遠走他鄉，做父母的又何嘗捨得。舉行婚禮的前兩天，楊家按照當地規矩舉行「小姐宴」（相當於「離娘飯」），擺了一桌酒席宴請楊絳的姊妹、女戚、女友。

楊絳記得很清楚，那晚是陰曆六月十一，天上掛著大半個月亮，半圓不圓。姊妹們和家裡的女戚團團地坐滿了一桌，屋裡張燈結綵，大家說說笑笑，在無限的熱鬧中，她想到以後不能時時和父母姊妹相見，心裡難過得連一口菜餚也吃不下去。

父親和母親按風俗不能參加，他們只能留在臥室裡面。後來楊絳想到，他們肯定也捨不得自己，說不定那時正在屋裡相對落淚呢。

後來她只要見到陰曆十一夜半圓不圓的月亮，就會想起那桌「小姐宴」，想到她和姊妹們熱熱鬧鬧地在外面吃酒席，而父親和母親卻坐在屋裡難過，就忍不住想哭。

「小姐宴」之後兩天，就是他們的婚期。婚禮分兩地舉行，錢家楊家都辦，錢家中式，楊家西式，有點傳統和現代相結合的感覺，就像他們的戀愛一樣。

楊家這邊的婚禮，由楊蔭榆擔任主婚人，楊絳的七妹妹是伴娘，孫令銜是伴郎，巧的是，孫後來成了七妹妹的丈夫。婚禮相當洋派，樂隊奏《結婚進行曲》，新郎新娘也不用磕頭，而是相對行三鞠躬禮，交換戒指。

遺憾的是，那天實在太熱了，所以連新郎新娘在內，在場的每個人都汗如雨下，又熱又累。

舉行完這場婚禮後，一對新人馬不停蹄地乘車趕到無錫錢家，以便進行下一場婚禮。錢基博是很保守的，所以錢家的婚禮是完全按照傳統來的。楊絳記得，她那天磕了無數個頭，拜完長輩，又拜祠堂的祖宗，還得進廚房拜灶神。她倒不覺得苦，只是擔心新派的父親若知道她結個婚得磕這麼多頭，還不知道有多心疼呢。

這還只是她進錢家的第一關，到了「三朝」（結婚第三天）的時候，無錫當地依古時風俗，新嫁娘須「三日入廚下，洗手做羹湯」，錢家的人將她帶進廚房，讓她完成「入廚」的儀式。幸好不要真的入廚，只需將魚拎起來，放進半鍋沸油中就行。楊絳戰戰兢兢將魚頭順著鍋邊溜入了鍋中，暗自慶幸不用真的煎魚。

由於兩場婚禮需要來回奔波，天氣又太熱，把新郎新娘都折騰病了。「雙回門」的那天，他們病得起不來，母親唐須嫈擺了一席酒，白等了一天。

又過了十天，楊絳身體恢復了些，這時錢鍾書已經去南京接受出國前的培訓了，錢老先生安排女兒陪楊絳一起回門。這位小姑子因為父親疼愛新嫂子，一點都不肯配合。楊絳哄了她一番，她才乖乖肯去。

回到娘家，楊絳的父母殷勤接待，十分高興。那時楊絳身上起了疹子，母親說疹子都長在要害處，要讓一位當地名醫看看才行，可惜時間緊張，那位名醫開的藥還沒用完她就得走了。臨行前，細心的母親特意送了她兩簍水蜜桃，叮囑她送完長輩後，自己也別忘了嘗嘗鮮。楊絳不忍辜負慈母的心意，吃了兩個蜜桃。

她萬萬沒有想到，這是她最後一次見到母親。母親後來死於戰亂之中，那時，她正在大洋彼岸。這是楊絳心中的一大憾事，她晚年提起來仍垂淚不已，認為自己沒能在雙親跟前侍奉，對不起父母。

當她和錢鍾書離開無錫前往上海，去搭乘前往英國的郵輪時，火車經過蘇州站，停在月臺，她感覺到父母也在想念自己，忽然淚如雨下。她恨不得能從火車上跳下來，可是火車卻把她帶向了遠方。

她原是父母生命中的女兒，現在卻成了錢鍾書生命中的楊絳。與她相伴走過下半生的，將是身邊的這個人。

這次出國，是錢鍾書和楊絳第一次攜手遠行，從那以後，他們恪守著執子之手、與子偕老的古老誓言，風雨同行，榮辱與共，從未鬆開過彼此的手。

世人提起錢楊聯姻，總說他們珠聯璧合、門當戶對。楊絳自己晚年卻說：「其實我們兩家，門不當，戶不對。他家是舊式人家，重男輕女。女兒雖寶貝，卻不如男兒重要。女兒閨中待字，知書識禮就行。我家是新式人家，男女並重，女兒和男兒一般培養，婚姻自主，職業自主。」

按照錢鍾書父親錢基博的意思，這個兒子孩子氣，沒正經，原本是想給他娶一房嚴肅的媳婦，把他管制得服服帖帖的。楊絳這種「洋盤媳婦」進了門，在舊式的錢家是不大合適的。錢老先生曾經提出，楊絳結婚後就不用出去工作了，在家裡做個賢妻良母就行。楊蔭杭聽了，不高興地表示：「錢家倒很奢侈，我花這麼多心血培養的女兒給你們錢家當不要工錢的老媽子！」

新舊兩種觀念碰撞得如此厲害，說起來還真是「門不當戶不對」了。楊絳倒是安之若素，她由寬裕的娘家嫁到寒素的錢家做「媳婦」，一進門就三叩九拜，一點兒沒有「下嫁」的感覺。她認為，叩拜不過跪一下，禮節而已，和鞠躬沒多大分別。如果男女雙方計較這類細節，那麼趁早打聽清楚彼此的家庭狀況，不合適不要結婚。這個觀點，對於那些執著於要有一個完美婚禮的女孩子來說，不啻是醒世恒言。

嫁入錢家之後，楊絳侍奉公婆，善待家人，最終獲得了公婆的肯定。公公讚她能「安貧樂道」，還問婆婆，在自己去世後她願跟誰同住，婆婆答：「季康。」楊絳覺得，這是婆婆給予她的莫大榮譽。

楊絳婚前在家是個嬌小姐，嫁到錢家後有了落差，在抗戰時期一度生活艱難，成了「老媽子」，這種身分上的轉換，可能很多女孩子都接受不了，她卻覺得再自然不過了，一點都不感到委屈。問起原因，她是這樣回答的：「為什麼？因為愛，出於對丈夫的愛。我愛丈夫，勝過自己。我瞭解錢鍾書的價值，我願為他研究著述志業的成功，為充分發揮他的潛力、創造力而犧牲自己。這種愛不是盲目的，是理解，理解愈深，感情愈好。相互理解，才有自覺的相互支持。」

男女結合究竟是否一定要門當戶對？楊絳一百歲的時候，曾在答記者問時說：「我是一位老人，淨說些老話。對於時代，我是落伍者，沒有什麼良言貢獻給現代婚姻。只是在物質至上的時代潮流下，想提醒年輕的朋友，男女結合最最重要的是感情、雙方互相理解的程度，理解深才能互相欣賞、吸引、支持和鼓勵，兩情相悅。我以為，夫妻間最重要的是朋友關係，即使不能做知心的朋友，也該是能做得伴侶的朋友或互相尊重的伴侶。門當戶對及其他，並不重要。」

她和錢鍾書便是如此，儘管兩個家庭一個新式，一個舊式，一個優裕，一個寒素，表面上看起來門不當戶不對，但重要的是，這對夫妻在精神上門當戶對。在長達六十多年的婚姻裡，他們除了生活上相濡以沫，更有著精神上的相知相契。他們志趣相投，性情相投，進退一致。他們是夫妻，也是最好的朋友。

錢鍾書在《圍城》中將婚姻比作圍城，城外的人想進來，城裡的人想出去。可他和楊絳卻是例外，有一次，楊絳讀到英國傳記作家概括的最理想的婚姻：「我見到她之前，從未想到要結婚；我娶了她幾十年，從未後悔娶她；也未想過要娶別的女人。」她把這段話念給錢鍾書聽，錢當即表示：「我和他一樣。」楊絳答：「我也一樣。」

關於愛情，這是最樸素卻又最動人的表白。

文壇才初顯

楊絳一直以來的願望就是去清華大學就讀，她曾經說過，在她待過的眾多學校裡，最喜歡、最有感情的就是清華。

一九三三年秋季，楊絳和錢穆先生一起北上。車子經過蚌埠後，車窗外景色荒涼，一片連綿不斷的土墩子。她正感到無聊，聽見錢穆先生說，「此古戰場也」，還興致勃勃地指給她看，說這裡可以安營，那裡可以衝殺，眼前的土墩子頓時變得鮮活起來，《吊古戰場》描繪的場景，隨著他的講述而歷歷在目。那是楊絳第一次知道，原來歷史可以給地理染上顏色。

這次北上清華和上次不同，上次她還是個借讀生，現在卻成了清華研究院外國語文學部一名名正言順的研究生。

對楊絳來說，清華最吸引她的地方就是圖書館了。她曾經專門寫過一篇文章叫〈我愛清華圖書館〉，文章裡說：「我在許多學校上過學，最愛的是清華大學；清華大學裡，最愛清華圖書館。」她覺得自己大學讀的是政治系，並不是外國文學專業科班出身，因此更加用功，唯恐貽笑大方。

清華圖書館的確很氣派，牆是大理石的，地是軟木的，書庫地上鋪著透亮的厚玻璃，可以望得見樓下的光。清華圖書館的藏書量在國內也是名列前茅的，閱覽室四壁都是工具書：各國的大字典、辭典、人物志、地方志等等，要什麼有什麼。

嗜書如命的楊絳一進入清華圖書館，便如小蜜蜂入了花叢，不知疲倦地採擷著。她曾把讀書比作「串門兒」，借書看，只能去一家「串門兒」，而站在圖書館的書架前任意翻閱，就好比有無數道大門向你敞開，可以隨意出入，這是唯有愛書者才知道的樂趣。她介紹說，錢鍾書最愛的也是清華圖書館。

除了圖書館，清華一流的師資也給了楊絳親炙名師的機會。當時，梁宗岱給學生講「法國文學」，吳宓講的是「中西詩比較」，吳可讀教「英國小說」，朱自清教一門名為「散文」的課程，王文顯則教「外國戲劇」等課程。

王文顯是著名的戲劇家，在教書的同時，還進行戲劇創作。在他的影響下，清華湧現出很多話劇方面的人才，如曹禺、李健吾、洪深等，楊絳後來走上戲劇道路，也離不開李健吾等人的引領。

梁宗岱上法國文學課時，第一堂課是聽寫，他看完試卷，當場點了「楊季康」的名，誇她聽寫拿了滿分。知道她的法文基本是自學的後，更是讚不絕口，稱她的發音特別純正。梁先生在課上提問，別的同學答不上來時，就叫楊絳回答，而她總是答得很好。

吳宓在當時已經是名家，他素來賞識錢鍾書，曾專門寫詩稱讚錢的才華：「才情學識誰兼具？新舊中西子竟通。大器能成由早慧，人謀有補賴天工。」他在清華教過錢鍾書外文，上完課後，總是謙虛地問「Mr. Qian的意見怎麼樣」，旁人說錢鍾書如何驕傲，他笑道：「Mr. Qian的狂，並非孔雀亮屏般的個體炫耀，只是文人骨子裡的一種高尚的傲慢。這沒啥。」還說自古人才難得，當今文史方面的傑出人才，老一輩中數陳寅恪，年輕一輩中當推錢鍾書，「其餘如你我，不過爾爾」。

因此楊絳對他也存了親近之心，有時還會代未婚夫給他遞信。

吳宓一生為情所困，常自比為《紅樓夢》裡的賈寶玉，他上課的時候，常把自己苦戀毛彥文的事作為「反面教材」來說，來聽課的學生把過道都擠滿了，因此他一度成了眾人談笑的話柄。上「中西詩比較」時，他也會講起那些以自己情事為題材的「落花詩」「懺情詩」。

楊絳在〈吳宓先生與錢鍾書〉一文中，有過這樣的表述：「我聽到同學說他傻得可愛，我只覺得他老實得可憐。當時吳先生剛出版了他的《詩集》，同班同學藉口研究典故，追問每一首詩的本事。有的他樂意說，有的不願說。可是他像個不設防城市，一攻就倒，問什麼，說什麼，連他意中人的小名兒都說出來。」

楊絳素來敦厚，不禁替同學們感到慚愧，替吳老師感到不安，覺得他們不應該這樣去作弄一個癡情的老實人。

巧的是，吳宓的女兒吳學昭，後來因機緣巧合，竟成了楊絳的朋友，並提筆撰寫了《聽楊絳談往事》一書。

楊絳的文學創作則要歸功於另一位老師——朱自清。當時，朱自清已經是卓絕不凡的散文名家，〈背影〉〈荷塘月色〉等散文膾炙人口。朱自清上散文課的時候，認為學生哪篇文章寫得好，就讓作者當堂朗讀給同學們聽。他上第一堂課時，曾讓學生們自由習作，楊絳交了一篇名為〈收腳印〉的文章。

楊絳在文中寫道：

> 聽說人死了，魂靈兒得把生前的腳印，都給收回去。為了這句話，不知流過多少冷汗。半夜夢醒，想到有鬼在窗外徘徊，汗毛都站起來。其實有什麼可怕呢？怕一個孤獨的幽魂？
>
> 假如收腳印，像撿鞋底那樣，一隻一隻撿起了，放在口袋裡，揹著回去，那麼，匆忙

的趕完工作，鬼魂就會離開人間，不過，怕不是那樣容易。

每當夕陽西下，黃昏星閃閃發亮的時候；西山一抹淺絳，漸漸暈成橘紅，暈成淡黃，暈成淺湖色……風是涼了，地上的影兒也淡了。幽僻處，樹下，牆陰，影兒綽綽的，這就是鬼魂收腳印的時候了。

燈滅了，人更靜了。悄悄地滑過窗下，偷眼看著床，換了位置嗎？桌上的陳設，變了嗎？照相架裡有自己的影兒嗎？沒有……到處都沒有自己的份兒了。就是朋友心裡的印象，也淡到快要不可辨認了罷？端詳著月光下安靜的睡臉，守著，守著……希望她夢裡記起自己，叫喚一聲。

整篇文章清新自然，細緻入微，由江南的一個傳說寫起，設想人死後的魂靈如何一點一點收腳印，洋溢著淡淡的傷感。其中的哲理意味，令人想起陶淵明的名句「親戚或余悲，他人亦已歌」，其實豈止是他人，文中連朋友對逝者的印象，都慢慢變得淡了。

對魂靈、遇仙等超自然的現象，楊絳其實一直都很關注，所以她晚年所寫的《走到人生邊上》，才會有那麼多關於靈魂是否不滅之類的思考。

老實說，和張愛玲、蕭紅那種一出手就個人風格明顯的作家相比，楊絳這篇處女作雖然可圈可點，但還是和她後期的作品無法相提並論。作家分為兩種，一種是出手就讓人驚豔的早慧型天才作家，比如張愛玲，小小年紀就寫出了《天才夢》。而和楊絳同齡的蕭紅，在一九三五年已發表了成名作《生死場》，年方二十四歲；另一種則是大器晚成的修煉型實力作家，毫無疑問，楊絳屬於後者。她的文章好比沉香，經過生活的磨煉和歲月的沉澱後，才會更加香遠益清，沁人心脾。

作為一名當時只有二十二歲的女學生習作，她這篇文章還是相當不錯的。朱自清慧眼識珠，一眼看出了這位學生身上埋藏著文學創作的潛質，課後找到她說：「你這篇作文，寫得不錯。我拿去給你投稿。」

文章後來發表在一九三三年十二月二十三日的《大公報文藝副刊》上，編輯是沈從文，作者署名「楊季康」。那張報紙頓時在全班同學中傳了開來，楊絳很開心，暗地裡想：「我當作家了。」

《大公報》給了她五元錢稿費，楊絳是個孝順的女兒，拿到生平的第一筆稿費，首先想到的就是報答母親的恩情。她花四元錢買了兩斤絳紅色的毛線，剩下的一元錢買了一盒天津起士林的咖啡糖。她用一雙巧手將毛線精心織成了一條圍巾，還把糖果塞進圍巾裡，一起打包寄給媽媽。

結果阿七、阿必兩個妹妹淘氣，把她織給媽媽的圍巾拆了，織成了別的東西。包在圍巾裡的咖啡糖也被兩個妹妹偷吃光了，一顆也沒有留。

第二個學期，朱自清又將楊絳寫的〈璐璐，不用愁！〉推薦給《大公報》，這是楊絳創作的第一篇小說。寫的是正值青春期的女學生璐璐，和兩個男子之間發生的愛情糾葛。這篇小說後來還被收進了林徽因主編的《大公報叢刊小說選》，錢鍾書特意將此書翻閱了一遍，評價說楊振聲和季康的兩篇最好。

這個時候，楊絳已經身在英倫了，所得的十五塊稿費，被兩個妹妹拿去給父親買了一身好衣料。

如果繼續留在國內，興許楊絳會創作更多的文學作品，更早地步上文壇。但晚一點有晚一點的好處，這樣的話，她有了更多的時間用來積累，能量積蓄得越多，也就越能厚積薄發。

第三章

留學記趣

——闖禍者和守護神

夫妻間最重要的是朋友關係，即使不能做知心的朋友，也該是能做得伴侶的朋友或互相尊重的伴侶。門當戶對及其他，並不重要。

——楊絳，百歲答記者

錢鍾書在《圍城》中說，想要成為夫妻，結婚前的一次旅行是很有必要的。他和楊絳，剛剛結婚不久就遠渡重洋，去往英國，幸運的是，他們不僅通過了長途旅行的考驗，還通過了首次離家共同生活的考驗。

留學期間，是兩人最快樂的一段歲月，後來楊絳寫《我們仨》，故事便是從大洋彼岸的陽光和迷霧中徐徐展開的。國外三年，他們形成了相對固定的生活模式，並由此沿襲了一生。細數那段流金歲月中的吉光片羽，或許能讓我們更加理解，楊絳為何對那段日子如此留戀。

「書蟲夫婦」的牛津日常

新婚夫婦有度蜜月的說法，而對於錢鍾書和楊絳來說，他們在英倫生活的頭一年，正是新婚宴爾、如膠似漆的時候，也就是說他們將蜜月足足延長了一年，成了「蜜年」。

一九三五年八月十三日，錢鍾書和楊絳結婚剛滿一個月，便從上海乘坐郵輪前往英國。下船後，他們先是在堂弟錢鍾韓的陪同下到倫敦觀光，然後再入牛津求學。

錢鍾書入牛津大學埃克塞特學院攻讀文學學士學位，楊絳本來打算進女子學院研讀文學，但攻讀文學的名額已滿，只能改修歷史。她的興趣還是在文學上，於是決定放棄攻讀學位，在牛津旁聽幾門文學課程。

當時，牛津很多留學生都穿一件黑布背心，背上有兩條黑色飄帶，滿街穿著黑布背心的身影惹得楊絳豔羨不已，竟有失學兒童之感。作為旁聽生，她只能穿著旗袍去上學。錢鍾書也領了一件黑布背心，楊絳細心地保留了下來，直到六七年後還完整如初。這件珍貴的背心，後來由她捐給了國家博物館。

牛津的假期特別多，別的學生每逢假期都會到歐洲各國走走，只有錢鍾書和楊絳直到三個學期之後的暑假才離開學校。

他們假期都留在牛津幹什麼？答案是：讀書。

用現在的話來說，這是一對特別「宅」的夫妻，對於他們來說，書裡的世界遠遠比外面的世界更有吸引力，遊山玩水雖有樂趣，但遠不如在書中神遊來得暢快。

牛津的總圖書館名叫「Bodleian Library」，藏書多達五百萬冊，手稿多達六萬卷，比清華圖書館規模還要大，藏書還要豐富，錢鍾書將館名譯為「飽蠹樓」。這對愛書成癡的夫妻到了這裡，宛如一對書蟲鑽進了書裡，盡情饕餮，從不饜足。

錢鍾書苦於要先完成功課，耗去了大量時間，不能隨意閱讀自己想讀的書。楊絳恰好只做了旁聽生，可以肆意讀書，真是不亦快哉。在東吳時，她學的是自己並不感興趣的政治學，考入清華後，課程繁忙，來不及補習，直到進了牛津大學圖書館，滿室滿架的文學經典任她挑選。生平之快，莫過於此。

對於喜歡讀書的人來說，能有數不盡的好書供自己閱讀，就是世界上最幸福的事。那一年，這對新婚夫妻寄居在房東老金家裡，一日四頓包括下午茶都由房東提供，於是他們有了大量時間可以暢遊書海。

他們從國內坐船來時，帶的衣物不多，卻隨身帶了一大箱子書，都是些詩、詞、詩話等中國典籍，還帶了筆、墨、硯臺等。牛津圖書館的書可以隨時借閱，還可以去市里的圖書館借書看，他們平均每兩個星期就去一次，萬卷在側，不愁無書可讀。

在很多人看來，讀書是一件很苦且很乏味的事，所以中國人愛說「苦讀」。可這對「書蟲夫婦」，卻視讀書為一大樂事，而且通過自己的創意，讓讀書變成了一件很有趣的事。

他們之間會進行讀書比賽，每讀一本書各自記下來，看誰讀的書最多。到了一九三五年底統計結果，兩個人讀的冊數基本相當，等於打成了「平手」。實際上楊絳耍了點「鬼聰明」，她把讀到的小冊子也算一本，而錢鍾書只算進了他讀過的大部頭的書。她也承認自己有點「無賴」。楊絳懷孕生子那年，所讀的書沒有平常多，她頗以為憾，錢鍾書笑她，既存了當賢妻良母的心，又想當女博士。

錢鍾書讀書之多，學問之博，的確是令人驚訝的，他在清華學過德文、英文，留學時又自學義大利文、拉丁文，他在語言上的天賦驚人。

在牛津學習兩年後，楊絳夫婦去了法國。兩人初到法國，同讀福樓拜的《包法利夫人》，一開始他不認識的單詞比楊絳的多，可是一年以後，他的法文水準已遠超於她。他膽子大，外出買菜用餐時，會趁機練習口語，所以法語說得流利。而楊絳面皮薄得多，只敢和房東太太說說。

他們還常常玩背詩的遊戲，還因此發現如果兩人同把詩句中的某一個字忘了，那個字準是全詩中最欠貼切的字。楊絳認為：「妥帖的字，有黏性，忘不了。」錢鍾書愛作舊詩，曾經試圖教妻子作詩，可楊絳說自己並不是作詩的料，後來就作罷了。她在讀書時的詩文習作往往能拿優等，但她自謙說只不過是「押韻而已」。

他們常在一起交流「讀後感」，喜歡讀書的人每每讀到一本好書，偶有所得，只恨眼前無人可以分享，錢楊夫婦卻不會有這方面的遺憾。文學上的交流成了他們愛情的基礎，交流既是樂事，也是趣事。

楊絳從小悟性高，自稱有些小小的「歪學問」，她和錢鍾書交流讀書心得時，常常會有靈光一閃的念頭。比如她有次讀到一個英國詩人的詩，發現意境正合蘇東坡所作的「眾星爛如沸」；還有一次讀雪萊的詩，發現其中一句正好是「鳥鳴山更幽」的意思。這個觀點啟發了錢鍾書，他後來寫《談中國詩》，就提到了中西詩不但內容常相同，並且作風也往往暗合。

可不要以為他們唯讀高深晦澀的學術類書籍，他們有一大愛好，就是喜讀偵探小說。錢鍾書學了門「古文書學」，覺得苦不堪言，就會讀部偵探小說「休養腦筋」。甚至連睡夢中都會拳打腳踢，仿佛夢見了小說中打鬥的場景。這門他毫無興趣的學科最終考試不及格，幸好只需補考就全部給及格。

楊絳則認為讀偵探小說有兩大好處，一是好玩，二是可以學習語言，她讀完所有法國偵探小說，讀其他法文作品就不用查字典了。恰好牛津有位研究老莊的學者，收藏了一架子的偵探小說，他們常去借閱。

楊絳酷愛讀小說，幾乎讀遍了英國名家的小說。她欣賞簡・奧斯丁，認為奧斯丁的小說筆調輕快，人物鮮活，是難得的世情小說，其成就遠在勃朗特姊妹之上。她後來還寫了一篇論文表述《傲慢與偏見》有什麼好。楊絳自己寫的小說，在筆調和刻畫世情方面，看得出受到了奧斯丁的影響。她更喜歡喬治・艾略特，認為其作品更有思想價值。

錢鍾書看書，渾似豬八戒進食，食量甚豪，粗細不擇。厚厚的字典，拿來就讀，不入流的小書，也看得津津有味。他看了之後，還愛將書中的故事講給楊絳聽。他講故事講得很好，連比帶畫，繪聲繪色，講著講著索性自己編了起來，只是講完一樁事後，聽故事的人必得「啊」一聲，好比說書中的捧哏。楊絳有時很累了，還是耐著性子，不時地「嗯嗯啊啊」，以免掃了他講故事的興致。

讀書之餘，他們也有些消遣的活動。英國有喝下午茶的習慣，錢鍾書的品行導師就常請他們去喝茶，久而久之，他們也學會了自製紅茶：先把茶壺溫過，每人加滿滿一茶匙茶葉：你一匙，我一匙，他一匙，也給茶壺一滿匙。四人喝茶用五匙茶葉，三人用四匙。開水可一次次加，茶總夠濃。

一貫以拙手笨腳自嘲的錢鍾書居然都學會做紅茶了，每天早上喝一杯又濃又香的紅茶也成了他們維持終身的習慣。他們最喜歡喝印度產的「立普頓」紅茶，這茶說不定你也喝過，就是風靡全球的立頓紅茶，大小超市都有出售。後來他們回國買不到這種牌子的紅茶，楊絳就發明了一種「三合紅」茶葉，將三種上好的國產紅茶按一定比例摻和在一起，滇紅取其香，湖紅取其苦，祁紅取其色。

在牛津，他們拉上窗簾，相對讀書，讀累了，就泡上一壺濃濃的紅茶，一邊品茶，一邊玩背詩遊戲。這樣的場景，不禁讓人聯想起李清照和趙明誠「賭書潑茶」的故事。李趙這對伉儷也愛玩「賭書」的遊戲，其中一人說一件事，另一人則回答在某書某頁上，說對了就可以喝一杯茶。李清照每每猜對了，就會舉杯大笑，以至於將茶潑在了衣服上。

錢鍾書和楊絳，會不會也像李清照他們那樣「賭書潑茶」？他們兩人的性格要安靜些，可能只會相對靜坐，品茗讀書。即使是這樣，那也是很美好的午後時光。賭書消得潑茶香，當時只道是尋常。此時的他們，都沒有預料到後來會經歷那麼多的坎坷與風雨，如此靜好的歲月一去再也不復返。

讀書飲茶之外，外出散步也是這對夫婦共同的愛好，他們將之稱為「探險」，也就是楊絳說的「玩福爾摩斯」。他們走在路上，不僅僅是看風景，更是在觀察世態人心。每遇到一個人，就會推測這個人是什麼職業，今天遇到了什麼事。錢鍾書善於「格物致知」，每次都能猜得八九不離十，讓楊絳甚是佩服。

他們的「探險」遍及附近各處：從寓所到海德公園；從動物園到植物園；從闊綽的西頭到東頭的貧民窟……即使走同樣的路線，他們也能發現不一樣的風景，因為「人」才是他們眼中的風景。每天經過的人不一樣，所以風景也大不相同。

錢鍾書性格中有相當詼諧的一面，常常做些搞怪的事逗楊絳笑。楊絳小時候唱過崑曲，這次來了英國，父親寄給她一本《元曲選》，她就自己清唱過過癮。錢鍾書在旁邊一邊學她唱，一邊插科打諢，自己笑得直打跌。他還作了一首四言詩給她，其中有「欲調無箏，欲撫無琴」「詠歌不足，絲竹勝肉」這樣的佳句。

他平常也愛和朋友打趣，向達是他們家的熟客，錢鍾書有次做了首很長的打油詩形容他，頭兩句是「外貌死的路（still），內心生的門（sentimental）」，朋友們聽後捧腹大笑。向達不以為忤地說好友：「人家口蜜腹劍，你卻是口劍腹蜜。」錢鍾書很愛玩這種文字遊戲，之後寫的《圍城》其實就是這種戲謔之作，但並不是每個人都會欣賞他這種略帶刻薄的幽默感。他們只好和話不投機的人保持距離，所以來往的朋友並不大多。

後來楊絳回憶說，到英國的第一年，是她生平讀書最多的一年，也是她最輕鬆快樂的一年。有一張她在友人花園中所拍的照片，照片中的楊絳笑靨如花，這是她生平僅有的一張大笑的照片。

她和錢鍾書著實快活，好像將自己的人生打造出了一個新的天地。

一位在留學期間見過他們的朋友鈕先銘回憶說，那時候的楊絳剪著一個娃娃頭，臉圓圓的，笑起來像個洋娃娃，他讓她試作一首《鵲橋仙》，她拉著錢鍾書的手，笑盈盈地說：「我呀！只要和鍾書朝朝暮暮相會就夠了！」

在鈕先銘的眼裡，錢鍾書學貫中西，楊絳也滿身書香，簡直是一對天上的仙侶、人間的鴛鴦。

你是世界上最好的

到牛津的第一天，錢鍾書就「吻」了牛津的地，他下公車時沒站穩，臉朝地摔了一大跤，磕掉了大半個門牙。他用手絹捂住嘴走回去，楊絳見他滿口鮮血，急得不知如何是好。幸好同一公寓的都是醫生，教她趕緊帶他去找牙醫，拔掉殘餘的半枚斷牙，再鑲上假牙。

她之前就聽錢鍾書說自己「拙手笨腳」，這下總算是見識到了。她發現他穿鞋子分不清左右腳，繫鞋帶綁不了蝴蝶結，拿筷子只會像小孩子那樣一把抓，生活方面著實挺「笨」的，渾然沒有他做學問時那個瀟灑勁。

錢鍾書之所以在生活上如此笨拙，一半是出於天性，另一半可能是因為小時候沒有人給過他這方面的指導。他是無錫錢家的「大阿官」，可生下來沒多久，就被過繼給了伯父。伯父還算疼愛他，教他對著棉花打拳，帶他上酒館吃點鴨肫之類，哄他說是「龍肝鳳髓」。伯父去世後，他就變成了沒人疼的孩子。

伯母對他是不大關心的，每天早上由丫頭熱點餿粥給他吃了去上學，下雨天，弟弟們都穿皮鞋，他只有伯父的大釘鞋可穿，鞋子太大，只得在前面塞個紙團。寫字的筆尖斷了，他不好意思張口向伯母要，只好把毛竹削尖了蘸上墨水寫，字跡模糊得無法辨認，又被老師責罵了一頓。幸好他渾渾噩噩的，並不覺得苦，有時還淘氣，比如把青蛙放進釘鞋裡帶到學校去玩。

錢鍾書的生父錢基博是個很嚴肅的人，對這個長子愛之深、責之切，平常給他寫信，只會在信中教他如何做學問，其他的並不多問。生母覺得既然將兒子過繼給了別人，就不該對兒子的事過問太多，否則孩子的養母會有意見。

對比楊絳的童年，錢鍾書的童年實在是苦得多，他自己也總感歎說：「你的童年比我的快活得多，我小時候的事，不想也罷，想起來只是苦。」

在他的成長過程中，缺乏一位慈母，這不能不說是一種缺憾。幸運的是，他娶的人是楊絳，楊絳給了他母親般的溫柔和關愛，填補了他童年的缺憾。錢鍾書後來說她絕無僅有地結合了各不相同的三種身分：妻子、情人、朋友。其實她對於他來說，在這三者之外還有一個隱藏的身分——慈母。

在生活方面，他依戀楊絳，就像幼童依戀母親，他們有了女兒圓圓後，他也常常跟著圓圓喊她：「娘！」

楊絳本來是個十指不沾陽春水的大小姐，嫁給錢鍾書之後，心甘情願承擔起照顧他衣食住行的責任，大小姐搖身一變，成了小家庭的總管家兼老媽子。

一開始，他們住在老金家裡，跟著老金一家吃飯。錢鍾書有個「中國胃」，吃不慣英國的乳酪和牛排，對於英國人的飲食習慣，他寫詩感歎說「嗜膻喜淡頡羹渾，夷味何能辨素葷」。再加上老金家的伙食越來越差，即使楊絳經常將能吃的省下一半給錢鍾書，他還是漸漸餓得面黃肌瘦。

楊絳決定租一間帶廚房的屋子，可以自己做飯吃。錢鍾書卻覺得反正兩個人都不會做飯，不如將就著在老金家過算了。

楊絳心疼丈夫，自己留意報紙上的租房資訊，可惜一直沒有合適的。一次，他們照例出去「探險」，在散步的途中，發現高級住宅區有個招租廣告。楊絳壯著膽子去敲門，住在這裡的是一位叫達蕾的老姑娘。楊絳看了房子後很滿意，錢鍾書也很喜歡，稱讚此處「繞廬密樹綴疏花，經籟鐘聲絕世嘩」。和達蕾小姐談好租賃條件後，他們過了新年就搬過來了。

頭一次過小家庭的生活，兩人興致都挺高的。新居有了廚房，他們就開始摸索著學做飯菜。首先試著做的菜是紅燒肉，因為錢鍾書愛吃。第一次做的時候，兩個人守著鍋，火一直開得很大，湯開了就往裡面繼續加水，結果做出來的紅燒肉又鹹又苦，完全沒法下口。楊絳回想起母親燉菜時是用「文火」，再做時就換成了小火慢燉，英國沒有無錫人做菜常用的黃酒，她就用同樣帶甜味的雪梨酒代替，做好後一嘗，居然味道還不錯，她成功了！

楊絳頗為自豪，覺得自己很有做家庭主婦的天分。她總結經驗說：「搬家是冒險，自理伙食也是冒險，吃上紅燒肉就是冒險成功。從此一法通，萬法通，雞肉、豬肉、羊肉，用文火燉，不用紅燒，白煮的一樣好吃。」

從來沒做過家務的她把這一切當成是冒險，玩兒似的學會了做飯。不是每次冒險都會像做紅燒肉那樣成功，楊絳最怵收拾活蝦，她知道活蝦得先剪去鬚鬚和腳，可剛剪一下，手中的蝦就直抽搐，她嚇得忙扔掉了剪子，對錢鍾書說：「蝦，我一剪，痛得抽抽了，以後我們不吃了。」錢鍾書笑著跟她說，蝦不會像人這樣痛，以後就由他來剪。

楊絳有時也會嫌做飯浪費時間，忍不住異想天開，希望可以像仙人一樣不用吃飯就好了。錢鍾書不同意，說神仙煮白石，吃了雖然不餓，但多無趣啊。但他終究還是心疼妻子，幻想著能有仙人的辟谷方就好了，於是在詩中述說心情：「憂卿煙火薰顏色，欲覓仙人辟谷方。」

愛是需要學習的，跟著楊絳生活了一段時間，錢鍾書慢慢也學會了體貼人。他們搬進新居第一天早上，楊絳還在睡覺，錢鍾書已特意起床為她做早餐。平日裡「拙手笨腳」的他煮了雞蛋，烤了麵包，熱了牛奶，還泡了醇香的紅茶。然後，他把一張用餐小桌支在床上，把美味的早餐放在小桌上，這樣楊絳就可以坐在床上隨意享用了。睡眼惺忪的楊絳吃著夫君親自做的飯，幸福地說：「這是我吃過的最香的早飯。」

他為她做了一輩子的早餐，後來有了女兒阿圓，則變成為母女倆做。

看到丈夫一天天長胖了，楊絳很開心。吃上了可口的飯菜，錢鍾書也很開心，他一快活，就忍不住想淘氣。有次趁楊絳睡熟時，用濃墨給她畫了個花臉。誰知道楊絳的臉皮比紙還要吸墨，洗了好久才洗乾淨。

換了別的妻子，看到丈夫這樣胡鬧，肯定會想，得有個什麼法子，把他管教得規規矩矩才好。楊絳卻不會，錢鍾書愛淘氣，她就隨他去鬧；錢鍾書對生活事務一竅不通，她就將家裡的活計全部包攬了。錢鍾書偶爾闖點小禍，她就趕緊替他解決了。

她生孩子住院時，錢鍾書也不時帶來「壞消息」：

我做壞事了，檯燈弄壞了；
我做壞事了，墨水染了桌布；
我做壞事了，門軸兩頭的球掉了一個，門關不上了……

楊絳回應他的，總是輕描淡寫的「不要緊」。錢鍾書對她所說的「不要緊」十分信賴，因為剛到英國不久，錢鍾書顴骨上長了個疔，楊絳安慰他說：「不要緊，我會給你治。」她從一個護士那學會了熱敷，每過幾小時就給他敷一次，沒過幾天那疔就連根拔掉了，一絲疤痕也沒留。從那以後，錢鍾書就格外信任她。

她出院後，果然將錢鍾書闖的禍一一化解。從此以後，她的「不要緊」三個字成了他的定海神針，只要有她在，一切都不要緊。托庇於楊絳的處處不要緊，錢大才子得以安安穩穩地讀他的書，做他的學問。

很多女人以改造丈夫為己任，可楊絳的腦子裡，從來就沒有過改造丈夫的念頭。對她來說，愛是成就，不是改造。

錢鍾書為人，孩子氣極重，他是女兒阿圓最好的小夥伴，兩個人常常結伴胡鬧，只要不是太過分，楊絳就隨他們去鬧。一次廚房失了火，阿圓慌得跑過來大叫：「娘，不好了，不好了。」錢鍾書也跟在後面氣急敗壞地大叫：「娘，不好了，不好了。」楊絳覺得又好氣又好笑，趕緊去替他們收拾殘局。

錢鍾書在人情世故上有極其天真的一面，楊絳就成了他和外界的一道潤滑劑。後來他們定居北京時，碰巧與林徽因做了鄰居。有一次，錢家的貓咪與林徽因家的打架，錢鍾書拿起木棍要為自家貓咪助威，楊絳連忙勸止，她說林家的貓是林家「愛的焦點」，打貓得看主婦面！

她就像一隻大鳥，竭盡全力張開羽翼，把夫君和女兒都牢牢保護在裡面，不讓他們受到世俗事務的紛擾。她是他的守護神，守護了他一輩子，和她在一起，錢鍾書的天性，沒受壓迫，沒受損傷。

（借用的是錢鍾書所著《圍城》裡的話）

一個人的身上總是既有缺點，又有優點。挑剔的夫妻，往往只看得到對方的缺點和不足，日久天長，難免會成怨偶；聰明的夫妻，卻善於發現和放大對方的優點，對彼此的缺點也能夠包容。

錢鍾書和楊絳，就是這樣一對聰明的夫妻，他們眼裡都只有對方的優點。

在楊絳看來，錢鍾書身上那些缺點，都是細枝末節，無關緊要，他身上的優點卻是獨一無二，旁人無法取代的。沒有人比她更懂得錢鍾書的價值，他的淘氣和癡氣在父親錢基博看來都是缺點，她卻覺得這是他最可貴的地方。她真正理解他，支持他，保全了他的淘氣和一團癡氣，這樣的錢鍾書，再加上他過人的智慧，才成了眾人心目中博學而又風趣的大學者和大才子，得到眾多讀者的喜愛。

錢鍾書呢，更是將妻子視若珍寶。楊絳在他眼中簡直無一處不好，他經常對著朋友大肆讚美妻子，以至於朋友們都說他有「譽妻癖」。他素來眼高於頂，很少有人的文章能入他的眼，但對於妻子的作品，他卻每篇必讀，甚至感到自愧不如。他從來沒有想過要壓倒妻子，每次楊絳獲得了榮譽，他比自己取得成績還要高興。她事業得意時，他不嫉妒；她甘做主婦時，他也不輕視。他的深情配得上她做出的犧牲。

多少夫妻，耗盡一生做彼此的差評師，像他們這樣能夠真正理解對方的價值，懂得相互尊重和體諒，並從來不吝惜讚美彼此，著實是難能可貴。

張愛玲在《半生緣》裡說女主角曼楨，「曼楨有這麼個脾氣，一樣東西一旦屬於了她，她總是越看越好，以為它是世界上最好的。」

說起來，錢鍾書和楊絳在這方面倒是和曼楨相似，他們認定彼此之後，看對方總是越看越好，以為她（他）是世界上最好的。

懂得珍惜的人，才是真正有福的人。

「我們」變成「我們仨」

對於有情男女來說，最美好的事，莫過於「你」和「我」，最終成為「我們」。如果說還有比這更美好的事，那便是在「我們」之間，又多了一個像你也像我的小人兒。

留學一年多後，楊絳生了圓圓，從此以後，「我們」就變成了「我們仨」。

知道妻子懷孕的消息後，錢鍾書又犯了癡氣病，喜不自禁地對她說：「我不要兒子，我要女兒——只要一個，像你的。」

楊絳聽了，暗自好笑，她其實希望生下來的孩子能像錢鍾書，這一點，夫妻倆倒想到一塊兒去了。

懷孕期間，楊絳反應頗大，後期已無力讀書，錢鍾書很心疼她，不僅主動承擔了一些家務，還很早就跑到牛津婦產醫院預訂醫生和病房。醫生們見慣了保守的東方人，不解地問他：「要女的？」

錢鍾書鄭重地回答：「要最好的。」

醫生估算了一下楊絳的預產期，估計她將在國王加冕那天生產，這樣的話，將會誕生一個「加冕日娃娃」。哪知道超過預產期一週了，還是遲遲沒有動靜。

一九三七年五十八日，楊絳有了臨產的跡象，可她使盡渾身力氣也沒辦法生出來。她痛得厲害，卻不喊也不叫，因為覺得自己喊了叫了也於事無補。醫生都對這個瘦小的東方女人感到驚奇，佩服她如此堅忍。

醫生不得已對她實施了麻醉，然後用產鉗把嬰兒夾了出來。嬰兒出生時因缺氧憋得渾身青紫，護士使勁拍了又拍才把她拍出哭聲來。

小小嬰兒啼聲特別洪亮，護士們笑著稱她為「Miss Sing High」，音譯為「星海小姐」，楊絳後來為女兒意譯為「高歌小姐」。

這一天，錢鍾書十分掛心楊絳，在醫院和家裡往返了四次。如他所願，楊絳生的是個女兒，護士特地抱出來給他看，他看了又看，不無驕傲地說：「這是我的女兒，我喜歡的。」楊絳後來把他的「歡迎詞」告訴女兒，女兒聽了很感動。

楊絳體弱，在醫院住了差不多一個月。出院後回到家裡，錢鍾書給她端上了一碗香氣濃郁的雞湯，上面還飄著碧綠的蠶豆瓣，那是他親自燉的。一貫「拙手笨腳」的他，因為體恤妻子，居然學會了燉雞湯。不得不說，愛會讓人成長。楊絳喝湯，他吃肉，女兒吃奶，多少年後，楊絳還是難忘這溫馨的一幕。

錢鍾書心疼妻子生產費了太大力氣，於是每逢女兒生日，他總會說，這是「母難之日」。

他們生了女兒後，爺爺錢基博給孫女取了個名字，叫作「健汝」，小名「麗英」，因為她出生在牛年，取「牛麗於英」之意。錢鍾書和楊絳都覺得爺爺取的名字太拗口了，他們私下叫女兒「圓圓」，學名叫「錢瑗」。

看著女兒長大，是一件特別奇妙的事，圓圓身上彙集了他們兩個人的特質，他們總是能在女兒身上，看到對方的特點。

圓圓很快長成了一個可愛的小人兒，她很乖，不怎麼哭鬧。長大後性格也溫順乖巧，很小的時候就知道體恤父母，這一點，像媽媽楊絳。

她手腳也有點笨，不會爬樹，運動的時候動作不大協調，這一點，像爸爸錢鍾書。圓圓身上既有媽媽的機靈勁兒，又有爸爸天馬行空的想像力。她回國後跟著大人學認字，有次認了個「朋」字，她告訴媽媽說，這是兩個「月」字要好，緊緊地挨在一塊兒。楊絳很驚奇，特意寫信告訴丈夫，錢鍾書得信後高興得不得了，馬上寫成七絕一首以記此事：

穎悟如娘創似翁，正來朋字竟能通。
方知左氏誇嬌女，不數劉家有醜童。

總體來說，圓圓既像爸爸，又像媽媽，比較起來，還要像爸爸多一點。她繼承了父親錢鍾書的長相，也繼承了他性格中的那一份「癡氣」。錢鍾書喜歡「格物致知」，她也喜歡。她很小就觀察入微，總是能猜出人和人之間的關係，小時候跟著媽媽外出，就會告訴媽媽，誰住在弄堂幾號，誰是誰的什麼人，經過打聽驗證，居然八九不離十。外公楊蔭杭誇她：別看圓圓小，什麼都逃不過她的一雙眼睛。

兩個書蟲會培養出什麼樣的女兒呢？當然是小書蟲了。圓圓在國外的時候，還只有一歲左右，就坐在高高的凳子上，面前攤一本大大的兒童讀物，像模像樣地一邊看，一邊在書上亂畫。以前是兩人對讀，現在變成了三人共讀。

很多人可能都會對錢鍾書和楊絳的教育方法感興趣，其實他們還真沒有刻意去培養女兒。楊絳從父親楊蔭杭身上體會到，「好的教育」首先是啟發孩子的學習興趣、學習的自覺性，培養孩子的上進心，引導他們好學，和不斷完善自己。要讓他們在不知不覺中受教育。有一個好的榜樣很重要，言傳不如身教。

受此影響，他們對圓圓也從不訓斥。圓圓見父母嗜讀，也有樣學樣，經常拿本書來讀，不知不覺就漸漸入道。

圓圓的記憶力驚人地好，她兩歲多時跟著大姨楊壽康學《看圖識字》，大姨挑出幾張，只教一遍，她不用溫習，就全能記得。外公楊蔭杭看了，想起早夭的二女兒，感歎道：「過目不忘是有的。」

圓圓和爸爸錢鍾書一樣，走到哪兒都要找書看。

她十一歲回無錫爺爺家度假時，表兄妹都在院子裡玩，她一個人跑到爺爺住的廂房裡，找到了一櫃子的《少年》雜誌看。爺爺錢基博醒來後，發現有個小女孩在靜靜地看書，他問起她的名字，又考了她的學問，大為驚奇，稱她為「吾家讀書種子」。爺爺倒是沒有重男輕女，而是看重這個愛讀書的晚輩，自那以後，圓圓就成了他最得意的孫輩。

除了帶著孩子一起讀書，錢鍾書還愛帶著女兒瘋玩。從小到大，爸爸就是圓圓最好的玩伴，楊絳總笑他們是「老鼠哥哥同年伴」。圓圓平時很乖，但只要和爸爸在一起，就變成了淘氣包。

錢鍾書也在兩三歲的女兒肚皮上畫過花臉，被楊絳說了一頓之後，不敢再造次，但著實技癢，於是就在紙上畫著過癮，他還用毛筆給女兒的臉畫上過鬍子。他最喜歡給女兒取綽號，看見女兒在床上蹦來蹦去，就笑她：「身上穿件火黃背心，面孔像隻屁股猢猻。」圓圓噘嘴搖頭表示抗議，他又笑她是「豬噘嘴，牛撞頭，蟹吐沫」。

他還愛教女兒說些帶粗話的英語、德語單詞，多半都有「屎尿屁」之類的意思，等到有客人來訪時，他就叫女兒出來表演，圓圓跟著爸爸鸚鵡學舌，渾然不知自己說的是粗話，還挺得意的。

他以逗女兒生氣為樂，圓圓小的時候，家裡有什麼好東西吃，錢鍾書總是搖著頭說：「Baby no eat!」一開始圓圓聽了就乖乖地不吃了，後來她也察覺到爸爸是在逗她玩，下次爸爸再說：「Baby no eat!」她就生氣地抗議說：「Baby yes eat!」急中果然能生智，圓圓那時才六歲，已經學會自己用英文造句了。

父女倆還經常在一起玩遊戲，錢鍾書喜歡把筆啊、書啊之類的東西藏在被子裡，說是「埋地雷」，然後讓女兒來找。楊絳覺得挺無聊的，可他們卻玩得不亦樂乎，一個藏，一個找，不知玩了多少遍。

父女倆還喜歡聯合起來故意氣楊絳。楊絳外出的時候，他們就不收拾房子，家裡顯得亂哄哄的，楊絳回來後只得給他們「打掃戰場」，說家裡都被折騰成狗窩了。圓圓就笑著說：「還是狗窩舒服。」

在圓圓心目中，媽媽有時不免有些嚴肅，爸爸則和她最「哥們兒」。許久以後，她患重病躺在床上時，在病床上提筆準備寫《我們仨》，第一篇就是「爸爸逗我玩」。爸爸陪著她一起玩耍的經歷，始終是她記憶中最難忘的。

錢鍾書對女兒雖然寵愛，但還是寵得有分寸的。他有陣子教女兒練字，圓圓偷懶，拿了以前寫的字去交差。他發現之後，嚴厲地說了她一頓，從此以後，她就再也不敢弄虛作假了。

圓圓學外語，有個很難的單詞，翻了三部詞典也沒查到，跑去問爸爸，錢鍾書沒告訴她，讓她自己繼續查，查到第五部詞典果然找著了。通過這件事，圓圓學會了有什麼問題自己先解決，不輕易向父母求助。

圓圓出生後沒多久，錢鍾書曾認真地對楊絳說，若再生一個孩子比圓圓好的話，自己未免會喜歡那個孩子，這樣的話，怎麼對得起圓圓呢。這樣冒傻氣的「癡話」，只有他才會說，這話背後，倒確實體現了父母的一片真心。

他覺得女兒圓圓，像妻子楊絳一樣，總是越瞧越好。他在湖南藍田任教時，楊絳曾寄給他一張照片，上面是圓圓和其他四個表兄妹的合影，他看了又看，開心地在照片上題詞：「五個老小，我個頂好（五個小孩，我的最好）！」

後來，錢鍾書和楊絳沒要第二個孩子，終其一生，圓圓都是他們唯一的「愛的焦點」。

遊子無日不思鄉

與英國文學相比，楊絳對法國文學的興趣更大。錢鍾書在牛津大學拿到學士文憑後，兩人就決定去巴黎求學，但這次他們決定不求任何學位。他們認為，與其花費那麼多時間來求一個學位，不如節省時間用來自由閱讀收益更大。

一九三七年八月，他們由牛津去往巴黎。巴黎是時尚之都，生活遠較倫敦豐富浪漫。這裡有很多中國留學生，常常相約去咖啡館小聚，錢鍾書和楊絳偶爾也去坐坐，但他們不大願意把時間都花費在這上面。

雖然他們在巴黎大學報名入學旁聽，但很少去聽課，只是按照自己的喜好大量讀書。沒有了學位的束縛，錢鍾書恣意閱讀，如魚得水。楊絳除了照顧女兒，其餘時間也大多用來讀書。圓圓已經長成了一個可愛的小人兒，很喜歡出去玩，她最早學會的詞就是「外外」，意思是到外面去玩。

雖然身在國外，他們仍關心著國內的局勢。尤其是楊絳，想家想得很苦。從報紙上看到日寇侵華，他們和國內的人一樣悲憤，得知蘇州淪陷後，更是日夜牽掛，錢鍾書在此期間作的

〈哀望〉〈將歸〉等詩，描述的就是此種心境。

這種情況下，他們更加盼望國內的來信。錢鍾書沒什麼家書，因為他的母親從不寫信，父親寫得也少。楊絳則常常收到家裡來的信，她快要生孩子時，母親還寫信囑咐她說，千萬別抱錯了小孩，到時抱個金髮碧眼的孩子回家就鬧笑話了。

自從蘇州淪陷後，楊絳很長一段時間沒有收到家裡的來信，後來倒是有信來了，但她總覺得家裡缺了一個人的聲音，那就是母親。一貫關心她的母親怎麼突然不說話了？

她寫信再三盤問，大姊終於告訴她，母親已經去世了。

那是在日寇空襲蘇州時，楊絳的父親和母親帶著大姊、八妹還有兩位姑母逃到香山避難。母親不幸得了惡性瘧疾，如果在平時興許還能醫治，但戰火紛飛，哪裡還找得到醫生。母親病得奄奄一息，父親打算守著她同歸於盡。但是在香山失陷前，母親就去世了。悲痛欲絕的父親用僅有的幾擔白米換來一副棺材，將母親就近安葬在借來的墳地上。那天，下著濛濛陰雨，父親在荒野裡放聲慟哭，他怕戰亂結束之後，找不到母親埋葬的地方，於是就在棺木上、磚頭瓦片上、周圍樹木上、地面石塊上，凡是可以寫字的地方，通通寫上自己的名字，以此作為標記。

這是大姊在信中描述的情景，楊絳越讀越傷心，讀到此處不禁失聲痛哭。錢鍾書在一旁勸慰不已，她後來在《我們仨》中說：「我至今還記得當時的悲苦。但是我沒有意識到，悲苦能任情啼哭，還有鍾書百般勸慰，我那時候是多麼幸福。」要等到年歲漸長時才能體會到她這些話中的沉痛之意。人生，就是由一連串的生離死別組成的。到了後面，她還將失去一個又一個親人。

楊絳曾經寫過〈回憶我的父親〉〈回憶我的姑母〉等文，唯獨沒有寫過〈回憶我的母親〉，直到一〇二歲時才寫了一篇短文紀念母親，說起原因，她說大概是因為與母親接觸較少。

母親育有八個子女，楊絳小時候總覺得她偏愛大弟弟，父親卻告訴她，母親對他們姊弟幾個，個個都喜歡。

正因為接觸得不多，楊絳對與母親僅有的幾次親近記得特別深。她還記得，蘇州廟堂巷的房子剛修建完畢，母親答應她，在大杏樹下架起了一個很高的鞦韆。園子裡有三棵芭蕉樹，有一年各開了一朵「甘露花」，她和兄弟姊妹們每天早上都要去摘一朵含有「甘露」的花瓣，獻給母親，因為只有母親肯吃那一滴甜汁，父親卻懶得應付他們。

她還記得自己四五歲的時候，有一次剝了一小木碗的瓜子仁，拉住母親求她吃掉，母親平常都想讓給孩子吃，只做個姿勢假吃，那一次，她卻央求母親「真的吃」。母親如她所願把那一木碗瓜子仁都吃掉了，她怎麼也忘不了自己當時的驚喜和得意。

她還記得六歲的那年冬天，外面起了大風，母親站起來說：「啊呀，阿季的新棉褲還沒拿出來。」然後趕緊穿過院子去開箱子，那一刻楊絳感動得想哭，深深地體會到了母親對自己的愛。

仔細想起來，母親對他們八個，確實都很憐愛，只是孩子太多，忙不過來，沒有那麼多空閒陪他們。母親生平最傷心的事，就是失去過兩個孩子。一個是楊絳的二姊同康，那是楊家最聰明伶俐的一個孩子，可惜在啟明上學時，患上傷寒去世了。同康這個名字，從此在楊家成了忌諱，大家都不敢提，生怕一提就讓母親傷心。八妹妹阿必出生後，母親抱著她說：「活是個阿同！她知道我想她，所以又來了。」

還有一個是楊絳的大弟弟，他也是在少年時不幸患病去世的。母親曾帶著大弟弟到處求醫，又夜夜看護，終究還是沒有留住他。大弟弟過世後，家裡人怕母親傷心過度，特意請來一位算命先生，他算出大弟弟的八字是「天克地沖」，命中註定好不了的，母親聽後才得到些許安慰。

那種錐心刺骨的喪子之痛，楊絳當時還體會不了，直到她失去圓圓後，才知道母親那時的心有多痛。

母親去世後，最難過的當然是父親。他常常會想起母親來，見到什麼好的東西，就會慨歎母親去世太早；碰到什麼不好的事，反倒慶幸母親不在了，不然看見了會有多難受。

戰爭還在如火似荼地進行著，父親為了找回母親的棺材，不惜喬裝打扮，毅然再赴香山。幸好他找回了母親的靈柩，並將它葬到了靈岩山的一處公墓。後來，他在抗戰勝利前夕去世，兒女們便將他葬到了母親墓旁，總算替父母實現了「生則同衾，死則同穴」的夙願。

母親去世時，楊絳剛生完圓圓不到半年。「女兒做母親，才知報娘恩」，她生了女兒，才體會到母親的艱辛，可是已經沒有辦法再報答母親的恩情了。這成了她的終身之憾。直到老年，楊絳提起母親來仍熱淚漣漣，她在文章中曾不止一次希望得到母親的寬宥。她深知，母親那麼愛她，肯定不會怪她，可她還是自覺愧對母親。

正是母親的猝然離世，加深了她對故鄉的思念。一九三八年早春，儘管錢鍾書的庚款獎學金可延長一年，但他們已經下了決心要結束留學，如期回國。

那時候，戰爭愈演愈烈，整個神州大地已經有大半陷入了日寇之手，他們為國為家，都十分焦慮，毅然決定在戰火紛飛中回到祖國的懷抱，和親人們守在一起，和同胞們同甘共苦。錢鍾書在給友人司徒亞的信中寫道：「我們將於九月回家，而我們已無家可歸……我的妻子失去了她的母親，我也沒有任何指望能找到合意的工作，但每個人的遭遇，終究是和自己的同胞聯結在一起的，我準備過些艱苦的日子。」

當時巴黎受戰事影響，已很難買到船票，他們託了朋友才買到兩張三等艙的票。他們來時乘的是二等艙，回去時乘的是三等艙，伙食差了很多，在船上二十多天，幾乎頓頓吃土豆（馬鈴薯）泥。圓圓被他們抱上船時還是一個肥碩的娃娃，下船時瘦了一大圈。

錢鍾書在離開巴黎前，曾寫信向國內各教育機構謀事，臨行前他接到西南聯大文學院院長馮友蘭的復函，聘請他任外文系教授。當時錢鍾書還不足三十歲，像他這麼年輕的「海歸」學者，一開始往往是從講師做起，能夠破格擔任教授，說明他實在很受聯大重視。

由於要去西南聯大赴任，錢鍾書提早在香港下船，經海防轉入雲南。那時圓圓只有一歲多，楊絳既要照顧女兒，又牽掛父親，於是決定不隨他去，而是帶著圓圓繼續坐船回上海。

這是他們結婚以來頭一次別離，楊絳抱著圓圓站在甲板，目送著錢鍾書坐的小渡船開走，漸行漸遠最終消失在視線外，她心中泛起無限離愁。

迎接他們的，是艱辛困苦的抗戰歲月。三年前，他們離開故土時，祖國還算和平；三年後，神州大地已狼煙四起，上海早已淪陷，被人們稱為「孤島」。

此時的祖國，正像一艘在驚濤駭浪中顛簸的大船，他們從風平浪靜的異國回到這艘大船之上，做好了隨船傾翻的準備。他們從未後悔，因為這才是他們的魂夢所繫之地。

第四章

孤島記歷

——我們是倔強的老百姓

我覺得在艱難憂患中最能依恃的品質，是肯吃苦。因為艱苦孕育智慧；沒有經過艱難困苦，不知道人生的道路多麼坎坷。有了親身經驗，才能變得聰明能幹。

——楊絳，《我們仨》

八年抗戰歲月，楊絳和她的家人們，就守在已淪為孤島的上海，同甘共苦，共度艱難。

這八年，是她一生中物質生活最困窘的時期，她從一個嬌滴滴的大小姐，轉身做起了一大家人的「老媽子」，為支持錢鍾書寫《圍城》，她還心甘情願做起了「灶下婢」。

這八年，也是她文學創作起步的時候。戲劇家楊絳橫空出世，以「含淚的喜劇」給淪陷區的人民帶來了一線歡樂和希望。

儘管生活在淪陷區，楊絳卻始終不妥協、不屈服，不愁苦、不喪氣。她常常說，憂患容易孕育智慧，苦難方能滋生修養。正是這段歲月，練就了她日後對苦難的承受力，以及在艱苦時始終保持樂觀的能力。

最艱難的日子裡，她始終和祖國命運共沉浮，從未考慮過去國離鄉，這才是一個知識份子應有的擔當。

做主的是人，不是命

如果人生有四季的話，那麼在一九三八年的秋季之前，楊絳的人生都是春天。

那年九月，闊別故土三年的她帶著女兒回到了上海，迎接她的，是一個已經不再完整的家和在戰火中四分五裂的祖國。

彷彿無所不能的母親唐須嫈，早已經死於戰爭中的一場突發瘧疾。那個性情古怪，在他們的婚禮上穿一身白衣的三姑母楊蔭榆，因為和日本人作對，也死在了敵寇的槍下。

父親楊蔭杭大受打擊，從前意氣風發的他，這時已垂垂老矣，每晚要靠服食安眠藥才能入睡。

上海自「八一三」事變之後淪陷，日軍在南市、閘北、虹口、楊浦等地設立關卡，將整個上海城四面包圍。雖還有部分租界未被佔領，但上海已經成了「孤島」。

楊絳的歸來，給父親帶來了說不出的歡喜。他馬上從三女兒家搬了出來，另租了一處小小的房子，以供楊絳母女居住。

楊絳心酸地發現父親老了許多，因長期服食安眠藥顯得精神困頓，眼睛也不像以前那樣有神。幸好她回來了，父親甚是欣慰，很快就停掉了安眠藥。

她基本上住在父親這邊，但時不時也要帶著圓圓去婆家那邊「做媳婦」。錢家一大家子人住在辣斐德路六〇九號。她到了那邊，沒有獨自休息的地方，還要幫著婆婆做家事。幾個弟媳都抱怨說錢家的媳婦不好當，她卻百事忍耐，敬老撫幼，從不出聲抱怨。嬸嬸誇她孝順，說她是賢妻。

楊絳回國沒多久，就想謀一份差事，一來自己讀了這麼多書也想著學以致用，二來也可以減輕家裡的經濟負擔。戰亂中謀事比平時難了許多，加之她有一條底線：凡是與日本侵略勢力沾邊的工作，待遇再好也堅絕不考慮。這樣的話，謀事的難度又增加了不少。

這時候，天上掉下來一個機會——以前振華女中的老校長王季玉找上門來，邀她一起籌辦上海振華分校。

振華女中是王季玉的母親創辦的，在王季玉手裡得以發揚光大，成為江浙一帶赫赫有名的女子學校。日寇侵佔蘇州後，王季玉拒絕敵人接收振華，帶著同事將振華的珍貴書籍和貴重教學儀器轉移到農家，忍痛停辦了學校。

王季玉將振華視為畢生心血，她終生未婚，常常說「我已嫁給了振華，以校為家」，不得已而停辦振華是她的心頭大恨。後來她考察到上海租界尚未被日軍侵略勢力完全佔領，便希望能在上海辦一所振華分校。在她心目中，楊絳是畢業於振華女中的傑出人才，若能得她襄助，自然最好不過。

老校長親自找上門來，單刀直入地請求她「扶一把」振華。楊絳感念老校長的教育之恩，不忍拒絕，應承下來。不過後來才知道，這可不是單純地「扶一把」，而是要擔起振華分校校長的重任。

楊絳心裡不大樂意，她受父親影響很深，父親是堅決反對子女做官的，常說清高的讀書人去做官是「狗耕田，牛守夜」。她回家詢問父親的意見，沒想到父親沉吟之下，居然說：「此事做得。」原來他擔任過振華校董，很敬佩王季玉母女傾力辦學的犧牲精神，所以覺得關鍵時刻，女兒有必要去「扶一把」。

公公錢基博卻很反對兒媳出去謀事，說：「謀什麼事？還是在家學學家務。便是做到俞慶棠的地位，也沒甚意思。」俞慶棠是當時有名的女教育家，曾任江蘇省立教育學院校長等職。楊絳聽了公公的話，不敢作聲。

楊蔭杭聽說了親家的話，有點冒火，覺得自己花了多年心血培養的女兒居然嫁到錢家就只能做不要工錢的老媽子，於是態度更加堅決，積極支援女兒出去工作。

楊絳最終還是決定赴任，她雖然溫和，可從來都是個有主見的人，心裡認定的事，即使有人反對，她還是要做的。

籌建分校的事她從未有過經驗，自稱是「趕鴨子上架」，在王季玉老校長的指導下，她四處找房子，籌建班子。經過一年的辛苦奔波，一九三九年秋，上海振華分校終於正式開學了。之後，王季玉離開了上海，將校務全權委託給她處理。

楊絳覺得自己沒有任何領導人的才能，卻也只得咬牙苦幹。在當時的環境中辦學校，還真不是一件輕鬆的事。她曾經回憶說，當校長並不僅僅只需要和教師、家長打交道，還得和當地的地痞流氓打交道，逢年過節得給他們送「保護費」，以保平安。楊絳回憶起這些來顯得很輕鬆，想必當時也是捏著一把汗的，她是書香門第的嬌小姐，哪裡做過這樣的事。

好在管理班子和教職員工中有不少「老振華」，沿襲了以前成熟的教學系統，她本人又聰明能幹、善於學習，不出半年，就將振華分校辦得有聲有色，學校的各個方面都有條不紊。這是她一貫以來的處事風格，儘管她並不情願做這個校長，可一旦挑起了這個重擔，她就會傾盡全力，做得盡善盡美。

她出任校長之前，和王季玉老校長約好了只幹半年。半年之後，她如約向王季玉提出辭職，後者卻無論如何也不答應，她百般無奈，只得答應再幹半年。

做校長的同時，她還兼任高三的英文老師，忙得不可開交，因此沒有空陪伴女兒圓圓。圓圓很想跟媽媽親近，每當楊絳回到家裡，圓圓就跟在她屁股後面走來走去。可只要她一攤開卷子，圓圓就知道媽媽要工作了，便馬上悄悄走開，從不打擾媽媽，乖得出奇。可圓圓畢竟還只是個兩歲多的小小人兒，有時也會偷偷攥著小拳頭，作勢敲打那些試卷，因為在她心裡，覺得是那些試卷奪走了媽媽的時間。楊絳晚年回憶起這一幕時，還記得女兒眼角掛著的兩小顆眼淚，她深覺虧欠了圓圓。

這一年中，在外人看來，她這個校長當得風生水起，但她心裡卻很清楚，自己並非行政方面的人才，她說：「我名義上做校長兩年，第二年由我推薦別人代理校長。以上是我『狗耕田』的經過，是我最苦惱的經歷。我如勉力，也能勝任。但每事要我專權，而我不擅專權。我生平做過各種職業，家庭教師、代理先生、中學教員、小學教員、灶下婢（大家庭兒媳婦也是一項）、大學教授、研究員。經驗只一條，我永遠在群眾中。」

又過了半年，這回楊絳沒有理會老校長的挽留，堅決辭了職。她反覆陳述的理由是自己不適合做行政工作，事實上有個深層的理由她沒敢說出口，那就是她的興趣在文學上，她要創作。

儘管不再擔任校長，她對振華仍然有著很深的感情，後來還以王季玉校長為原型，創作了一篇小說——〈事業〉。在小說中，主角周默君（小說中稱為「默先生」）終身未婚，「嫁」給了學校。熟悉振華的人一眼就能看出，這寫的是他們敬愛的王季玉老校長。

楊絳從振華辭職後，為了貼補家用，去工部局小學做了一名代理教員。這在很多人看來，簡直是令人大跌眼鏡的選擇，她卻做得很安心，還摸索出了一套獨有的經驗。她對班上的學生，從來不會籠統地稱之為「小朋友」，而是記住他們每一個人的名字。她記性好，又肯用心，三堂課下來，就能叫出每一個學生的名字。小孩們很佩服，一下子就被她收服了。

她做了三年多的小學教員，記得住每一位學生的名字，摸清楚了每一個學生的脾性，所以學校每次都讓她教一年級。一年下來，她總能把一幫剛入學的淘氣包調教成聰明向學的小學生。

楊絳晚年在《走到人生邊上》一書中，探討了命與天命。算命的愛說「命」和「運」，她認為，如果把「命造」比作船，把「運途」比作滿足河，船隻能在河裡走，但如果船要擱淺或傾覆的時候，船裡還有個「我」在做主，也可說是這人的個性在做主。所以她的結論是，如果我們反思一生的經歷，都覺得是當時的處境使然，不由自主，但其實關鍵時刻，做主的還是自己。

就以她從振華校長到小學教員這段經歷為例，她總覺得，自己二十八歲做了中學校長，可說是命。當時她做下來是順風順水，辭職卻是千難萬難，但她硬是辭了，放著好好的中學校長不做，就做了一個小學教員。

「這不是不得已，是我的選擇。因為我認為我如聽從季玉先生的要求，就是順從她的期望，一輩子承繼她的職務了。我是想從事創作。這話我不敢說也不敢想，只知我絕不願做校長。」她寫道，「我堅決辭職是我的選擇，是我堅持自己的意志，絕不是命。」

回望楊絳的一生，很多人都喜歡強調她隨遇而安的一面，卻很少有人關注到她的不妥協和不放棄。辭去振華校長一職，是她不願妥協；希望能從事創作，是不願放棄。正是一次次的不妥協和不放棄，才成就了後來那個獨一無二的楊絳。不然的話，她只有聽任命運擺布，將精力花在並不喜歡的事務上。

我們都喜歡說不忘初心，寫作就是楊絳始終不變的初心。她一生中做過很多份職業，但不管做校長也好，做教員也罷，這些都是她外在的職業，只有寫作，才是她的夢想所在，是真正能稱得上「志業」的事。不管職業如何變動，她從未忘記過這一點，一有機會就會拾起手中的筆，重新追逐兒時的夢想。

我們總愛說命由天定，楊絳卻說：「做主的是人，不是命。」是的，對命運要懷有敬畏之心，但也要相信，命運之外，還有自由意志，這才能讓我們的人生多一份自主選擇的權力。

從今後只有死別，沒有生離

自從楊絳在回國的船上抱著女兒目送丈夫遠行之後，接下來的兩三年內，他們都聚少離多，基本上過著兩地分居的日子。

楊絳還好，有女兒相隨，有老父相伴，又能和姊妹們聚在一起。她性格本就淡淡的，縱然和丈夫別離，也不覺得太苦。

而錢鍾書呢，自從和楊絳結婚以後，早就習慣了她母親般的溫柔和照顧，這下子一個人跑到數千里之外的高原任教，好比一隻獨自南下的孤飛雁，有說不盡的淒涼與難過。

當時西南聯大是由北大、清華、南開組成的聯合大學，錢鍾書在西南聯大任外文系教授，上課時只說英語，不說中文；只講書，不提問；既不表揚，也不批評。在英語課堂上他妙語頻出，令很多學生印象深刻，比如說「宣傳像貨幣，鈔票印多了就不值錢」等等，有學生戲稱：錢師本身就是一串警句。

他在課堂上講起王爾德和普魯斯特，引導學生們步入西方文學的殿堂。聽他講課的學生中有個叫作吳訥孫，後來寫出了描繪聯大生活的《未央歌》，他的筆名叫鹿橋。還有一位叫作查良錚，後來成了著名詩人，筆名穆旦。王小波稱自己終生受惠於穆旦的譯詩。

出現在同事和學生面前的錢鍾書，臉上總是掛著溫和的微笑，誰能夠想到，他想家想得實在很苦。和楊絳結婚數年來，他們不曾分離，整日相對讀書，靜坐品茗，何等地溫馨愜意。如今他一人獨居，著實淒苦，所以將其所住的居室命名為「冷屋」。

閒居寂寞時，他不停地給妻子寫信，信中會說到雲南的風物，以及聯大的情況，寫得更多的，卻是對妻子的無盡思念。

可惜那時楊絳忙著籌辦振華分校，連照顧圓圓都分身乏術，哪裡有那麼多空給他回信，於是，我們的錢大才子就跟古詩中的思婦一樣，日夜都盼望著遠方的來信。一旦期盼落了空，就難免心有怨念，作於這期間的〈一日〉就是描寫這種心境的：

一日不得書，忽忽若有亡；
二日不得書，繞室走惶惶。
百端自譬慰，三日書可望；
生嗔情咄咄，無書連三日。
四日書倘來，當風燒拉雜；

摧燒揚其灰，四日書當來。

誰能夠想到，看起來有些呆氣的錢鍾書，思念起一個人來，竟然是這般柔腸百轉。這思念之情無計可以消除。他在詩中雖然賭氣地說一旦收到來信，就「當風燒拉雜」，但若是真的收到了，又怎會忍心燒毀？

楊絳總愛說丈夫有幾分癡氣，可實際上，錢鍾書是個冷眼熱腸的性情中人，眼極冷而心極熱，從他對妻子女兒的濃濃相思中就可以窺見。

好不容易挨到了一九三九年七月，思妻心切的錢鍾書一放暑假，連忙回滬探親。久別重逢，夫妻二人都喜悅不已。更高興的是女兒圓圓，她這時已兩歲多了，平時雖然有很多人疼她，可她卻少個玩伴，這下「頑童」爸爸回來了，正好做她的玩伴。

暑假過了一半時，錢鍾書收到了父親錢基博從湖南寄來的信，信中說自己老病，要錢鍾書去藍田侍奉，同時出任新成立的國立師範學院英文系主任，一年後父子再同回上海。

楊絳知道錢鍾書最稱心的事就是能在聯大任教，所以不希望他放棄聯大的教職，去偏僻的藍田任教。可她深知丈夫是個孝子，不願意讓他為難，就不再勉強他。

錢鍾書不得已寫信向西南聯大請辭，希望能得到聯大的挽留，這樣也好向父親解釋。可惜直到他走了之後，才收到聯大的回電。

一家人剛剛團聚，又要分開，而且他這次要去的不是天高雲淡的雲南，而是窮鄉僻壤的湘西藍田。楊絳沉默著為他整理了衣服，沉默著送他上路，雖然心中留戀，卻沒有說任何勸阻的話。臨行前還殷切叮囑他說：「看來你的生日將在路上過了。我在家為你吃碗麵，祝平安。」錢鍾書又豈會不知道妻子的心意，所以在詩裡說：「婦不阻我行，而意亦多戀。」

此行山高水遠，旅途多蹇，錢鍾書一路上跌跌撞撞，足足走了一個多月，穿越了浙閩贛湘，處處受阻，光在吉安一地就足足滯留七天。這段艱苦的旅程，後來被錢鍾書寫入了《圍城》之中。

艱苦倒還可以忍受，最令錢鍾書難以忍受的，是對嬌妻幼女的掛念。一路的山山水水都染上了他的思念之情，如〈游雪竇山〉中所說：「山水頗勝師，寺梅若可妻。新月似小女，一彎向人低。平生寡師法，酷哉此別離！」

雪竇山寺旁的一樹梅花，讓他想起那可人的妻子，天邊彎彎的一痕新月，就如依人的小女。讀到這樣動人的詩，真讓人同情這位遠離妻女的可憐父親。

藍田國立師院在湖南西部，各方面的條件都無法與西南聯大相比。又因為此地偏遠，能夠與錢鍾書談書論學的同道不多。上課對著程度較淺的學生講高深的外國文學，也有對牛彈琴的感覺。他深覺寂寞，於是在課餘時間埋頭讀書寫作，他的《談藝錄》就是在藍田開始寫作的。

他每晚寫一章，兩三天後再修改增補。寫書的時候，正值國家內憂外患之時，他本人心情也很不好，因此在序裡說：「《談藝錄》一卷，雖賞析之作，而實憂患之書也。」

他對父親錢基博的「侍奉」，表現在經常給父親燉雞湯上，燉湯是他在英國時學到的手藝。同事孟憲承誇他孝順，錢基博卻說：「這是口體之養，不是養志。」孟憲承笑說：「我倒寧願口體之養。」錢鍾書是父親最器重的兒子，卻並不是父親最鍾愛的兒子，父親所謂的「志」，他並不能完全認同，父親對他的「志」，也不能完全理解。父子倆雖然彼此愛重，卻志不相投。

生活上的寂寞，更加重了他對妻女的思念。他牽掛她們牽掛得好苦，以至於常常會夢見幼小的女兒。圓圓一天天長大了，已經認識很多字，越來越聰明了，做父親的卻不能陪在她身旁，親眼見證她的成長，只能從妻子寫來的信中得知女兒的消息。每次知道女兒有了進步，他都感到又驕傲又失落，驕傲的是，女兒如此聰穎；失落的是，他卻沒辦法親自看到女兒的進步。

一九四〇年暑假，錢鍾書和同事約好一同回上海探親，為了迎接他的到來，楊絳特意另租了一套房子。沒想到當時戰火頻仍，錢鍾書等人沿途受阻，以至於只得中途折返。有家難回，錢鍾書無比鬱悶，只好藉詩句來抒發離愁：「歸計萬千都作罷，只有歸心不羈馬；青天大道出偏難，日夜長江思不舍。」（〈遣愁〉）

楊絳雖然寫信不如錢鍾書頻繁，但她又何嘗不思念遠方的丈夫呢？她總是能從日益長大的女兒身上，看到丈夫的影子：圓圓走路的樣子，搖搖晃晃，這走不大穩的樣子，像極了錢鍾書；圓圓已經會讀書了，常常一個人抱著本書靜靜地翻看，她翻書的姿勢，和錢鍾書簡直一模一樣；圓圓記憶力超人，看過的字過目不忘，這點也像她爸爸；圓圓平常體物入微，最愛觀察身邊事物，這一點，也令她想起了錢鍾書喜歡的「格物致知」。

圓圓已經長成了一個有自己個性的小人兒，她像爸爸一樣肯吃苦，能忍耐。她腸胃不好，許多東西楊絳怕她吃了不消化，就不讓她吃，她總是能乖乖順從。有一次，她看著家裡人吃鮮美多汁的白沙枇杷，饞得眼淚都流出來了，可也不嚷著要吃。家裡人見了，都覺得再當著這個小人的面吃的話，實在有點兒於心不忍。

當相愛的人不在身邊，能夠看著一個像他的小人兒一點點長大，也是一種安慰吧。有了這種安慰，楊絳確實沒有錢鍾書那樣孤苦無依。

如此分離了足足兩年，一九四一年第二學期結束，錢鍾書終於向藍田師院請辭，走海路回到了上海。

闊別兩年的錢鍾書，在楊絳眼中的形象是這樣的：面色黑裡透黃，鬍子拉碴，穿一件藍田當地縫製的土織夏布大褂，樣子說有多憔悴就有多憔悴。她瞧在眼裡，不禁暗暗心疼。

圓圓已經不認識爸爸了，對這個突然出現的「陌生人」，她充滿了警惕，當看到他把行李放在媽媽床邊時，她忍不住對爸爸發話說：「這是我的媽媽，你的媽媽在那邊。」說著指了指奶奶。

錢鍾書笑著問她：「到底是我先認識你媽媽，還是你先認識？」

圓圓毫不猶豫地回答說：「當然是我先認識，我一生下來就認識，你是長大了才認識的。」

大家看著父女倆鬥嘴，都不知道如何勸解。這時錢鍾書附在圓圓的耳朵邊悄悄說了一句話，她就立即放下了防備，和爸爸恢復了友好。他究竟說了一句什麼話，這個問題，楊絳在寫《我們仨》時仍然沒有想明白。

錢鍾書回到上海，本來是因為事先得知將被聯大召回任教的。誰知他像「癡漢等婆娘」似的一等再等，卻始終沒有等來聯大的聘書，而外文系當時的管理者拖延到開學三週後，才上門來請他。錢鍾書何等驕傲，他察覺到對方的遲來肯定是不歡迎自己，便客客氣氣地拒絕了。

重返聯大任教，原本是他最嚮往的事，只是如果真的收到了聘書而不得不去，怕是又要和妻女別離。這下去不成了，倒無形中遂了他和家人相守的願望。

在這之後，深諳別離之苦的他對妻子發願說：「從今以後，咱們只有死別，不再生離。」

他說到也做到了，他們一家三口，從此相伴相依，一起度過抗戰勝利來臨之前的艱難歲月，雖然窮困，但勝於別離。

劇作家楊絳橫空出世

「孤島」時期的上海，風雨飄搖，物價飛漲，而在文藝方面則是異彩紛呈。

一九四三年，一位年方二十三歲的沒落貴族女子在《紫羅蘭》上發表了〈沉香屑・第一爐香〉，在上海文壇一炮打響，她的名字叫作張愛玲。自此，張愛玲這三個字伴隨著她的作品永遠地流傳下來，成為那個年代上海的代名詞之一。與此同時，冰心、蘇青、丁玲等民國女作家也相繼登場，和楊絳同齡的蕭紅，則在寫出《呼蘭河傳》後，已於前一年在香港不幸早逝。

同年五月，一部名叫《稱心如意》的話劇在上海金都大戲院連演兩週，場場爆滿，引起了轟動。海報上用斗大的字印著編劇的名字——楊絳。

這是楊絳步入劇壇的第一部作品，她一心熱愛文學，沒想到首次在文藝界嶄露頭角，卻是憑著她並不特別感興趣的話劇。

她最初寫劇本，除了好玩，還有著「為稻粱謀」的目的。

一家人團聚後，面臨的最大問題就是生活上的困窘。錢鍾書等不到聯大的聘書，便向上海的暨南大學求職。該校英文系主任讓他頂替另一個教師，但他堅絕不肯奪取別人的職位。後來，岳父楊蔭杭見他閒居在家，便把震旦女子文理學院的《詩經》課讓給了他。震旦的薪酬太低，除此之外，他還在外面兼做家庭教師。

楊絳當時在工部局小學任教，除了薪水，學校每個月還能補貼三斗白米，這在當時是很稀罕的。

饒是如此，他們的生活還是緊巴巴的，最艱難的時候，連續三個月都沒吃上肉。有一次，錢鍾書的學生派人給他送了一擔西瓜，圓圓高興得不得了，驕傲地說：「爸爸，這許多西瓜，都是你的——我呢，是你的女兒。」

貧與病總是相連的，那時圓圓身體不大好，錢鍾書也每年都要生一場大病，一病就是一個多月。

正是在這種情況下，楊絳想著要做點什麼兼職，能夠貼補一下家裡的開支。

一九四二年冬天，她無意中發現了一個機會。那次他們夫婦和陳麟瑞、李健吾一起上館子吃烤羊肉。陳李二人既是他們的學長，也是楊絳戲劇創作的引路人，他們那時都已創作了不少劇本。

以前吃烤羊肉是很風雅的事，烤羊肉用的是松枝，松香伴著肉香四溢，每個人手裡拿一雙二尺長的筷子，從火舌裡夾出烤熟的肉來夾餅裡吃。陳麟瑞說這是蒙古人的吃法，楊絳馬上繪聲繪色地給他們講起了戲劇《雲彩霞》裡的蒙古王子、《晚宴》裡的蒙古王爺之類的故事。

陳麟瑞和李健吾都喜歡戲劇，他們見楊絳對戲劇也挺感興趣的，又有想像力，便慫恿她也寫一齣戲。

楊絳行動力很強，利用做小學教員的閒暇，很快就編了個劇本拿給陳麟瑞看。陳麟瑞看了後給她潑了盆冷水：「你這個劇本，做獨幕劇太長；做多幕劇呢又太短，內容不足，得改寫。」楊絳聽得進別人的意見，二話沒說，又把初稿改成了一個四幕劇稿。寫好後在亭子間裡轉了又轉，方想出「稱心如意」這個劇名，覺得很切題。

其時上海劇壇流行悲劇，因為悲劇能夠賺人眼淚，又符合當時人們國破家亡的心境，所以劇院中上演的大多是悲劇。

楊絳的這齣戲，卻是喜劇。

寫的是一個父母雙亡的漂亮女孩，千里迢迢來到上海投奔親戚。她在上海有三個舅舅一個姨媽，都是混得不錯的體面人，卻一個比一個勢利，把這個無依無靠的外甥女像皮球一樣地踢來踢去，誰也不願意管她。女孩子被踢到了舅舅的舅舅，也就是她的舅公家，沒想到身為大富翁的舅公卻對她十分憐愛，將她收為孫女，並立為繼承人。不僅如此，她還找到了自己的如意郎君，這人恰好是舅公老友的孫子。

這樣的結局，對於一個受盡白眼的女孩來說，的確是「稱心如意」。

楊絳寫好後，第一個拿給錢鍾書看，他對戲劇毫無興趣，一目十行地看完，誇獎她說：「還好，還好！」

陳麟瑞和李健吾兩人識貨，看了後齊聲叫好，推薦給了戲劇界的著名導演黃佐臨，黃一眼相中了。李健吾給楊絳打電話，問她署什麼名字。楊絳怕出醜不敢用真名，她想起姊妹們常常偷懶把「季康」二字連起來說成「絳」，於是就說：「就叫楊絳吧！」

就這樣，劇作家楊絳橫空出世了，這個名字她用了一輩子，以至於她的本名「楊季康」反而不那麼廣為人知。

《稱心如意》由精通喜劇的黃佐臨執導，女主角由著名演員林彬飾演，李健吾也在裡面客串扮演舅公。該劇首演之後，大獲成功，又接連在不同劇場上演。不少劇團愛在過年時演出此劇，圖劇名喜慶，形式相當於現在的「賀歲劇」。

在流行悲劇的年代裡，觀眾們突然看到了這麼一齣生動活潑的喜劇，頓時感到耳目一新。振華老校長王季玉特意去看了此劇，看完後覺得不錯，問楊絳說：「是你公公幫你的嗎？」楊絳笑答：「和我公公什麼相干？」也有朋友誤會肯定是錢鍾書捉刀代筆的，還專程打電話向錢賀喜。

戲劇界更是對她讚賞有加，李健吾評說：「楊絳不是那種飛揚躁厲的作家，正相反，她有緘默的智慧。」戲劇家趙景深評價說：「此劇刻畫世故人情入微，非女性寫不出。楊絳寫得如此細膩周到，令人稱賞。」愛才的宋淇特別欣賞楊絳，她每一部劇作上演，他必請客慶祝。

楊絳生性低調謹慎，並沒有被這些溢美之詞衝昏頭腦，她清醒地表示，自己不敢居功：「劇作不同於小說，劇本的成功很大程度上要靠舞臺表現，靠導演、演員的技藝精湛。」

最令她高興的是，拿到《稱心如意》的稿費後，她請家裡人吃了一頓「老大房」的醬雞醬肉。圓圓這時已「三月不知肉味」，開心得吃完了肉還找肉。

《稱心如意》一鳴驚人後，楊絳又一鼓作氣寫出了《弄真成假》。她孩子氣十足，偏愛喜劇，所以這次寫的還是一部五幕喜劇。故事沿襲了《稱心如意》的風格，人物鮮明立體，情節充滿巧合，語言生動活潑。故事的主角換成了男青年周大璋，仍然是家境貧困，個性有點像《紅與黑》中的於連。他一心想當上闊綽人家的女婿，過上榮華富貴的生活，可偏偏遇上了一個同樣想通過嫁人來改變命運的女子張燕華。她寄居在有錢的叔叔家，以為嫁給周大璋就能擺脫窘迫的處境。最後的結局是，兩人陰差陽錯，結為夫妻，企望走捷徑暴富的幻想還是落了空。

這部戲的內容，不禁讓人想起一部由任賢齊和鄭秀文主演的電影《嫁個有錢人》，男女主角都想通過婚姻來改變命運，結果卻發現對方同樣貧困。日光底下並無新事，如此荒唐的戲碼數十年後還在上演，不同的是，楊絳的劇作刻畫世態人情更為細膩入微，下筆也更為冷峻。

《弄真成假》上演後，獲得了比《稱心如意》更大的反響。「編劇楊絳」成了一塊金字招牌，戲劇界的名演員都以能演她寫的戲為榮。李健吾也給出了極高的評價：「假如中國有喜劇，真正的風俗喜劇，從現代中國生活提煉出來的道地喜劇，我不想誇張地說，我是堅持地說，在現代中國文學裡面，《弄真成假》將是第二道里程碑。有人一定嫌我言過其實，我們不妨過些年回頭來看，是否我的偏見具有正確的預感。第一道里程碑屬諸丁西林，人所共知。第二道我將歡歡喜喜地指出，乃是楊絳女士。」

柯靈則讚道：「一枝獨秀，引起廣泛注意的是楊絳。她的《稱心如意》和《弄真成假》，是喜劇的雙璧，中國話劇庫中有數的好作品。」

為了給女兒捧場，父親楊蔭杭特地帶著楊絳的姊妹們一起去劇院看了《弄真成假》，聽到觀眾們不停發出歡樂的笑聲，他悄悄地問女兒：「全是你編的？」楊絳點頭說「全是」。這位素來以女兒為榮的父親聽了樂得開懷大笑道：「憨哉！」

《稱心如意》和《弄真成假》後來合編成《喜劇二種》，楊絳把它送給了忘年交陳衡哲，後者看了稱讚說：「不是照著鏡子寫的。」巧的是，胡適在陳家認識了楊絳，也誇她的劇本「不是照著鏡子寫的」。這句話的意思，顯然是讚她獨出機杼，不落套路。

這兩部喜劇之後，楊絳又寫了一部三幕喜劇《遊戲人間》，故事說的是男青年王庭壁玩世不恭，自命不凡，把人生當成自己的遊樂場，對什麼事都不認真。他原本有一個交好的女朋友曹學昭，卻故意去應徵富家女吳彩雲的徵婚。曹學昭一氣之下，胡亂嫁給了暴發戶吳潤卿。兩個遊戲人生的年輕人，深悟以往的錯誤，終於決定從風波中解脫出來，再也不任性胡鬧了。

這部戲內容有趣，情節和布局都很不錯，但匆匆趕出，沒來得及精心修改，楊絳本人不是很滿意。

她創作的第四部戲是四幕劇《風絮》，也是她四部戲劇作品中唯一的一部悲劇。故事寫的是眼高於頂的青年方景山，志在改造農村，卻終究有心無力。《風絮》這個劇名是錢鍾書幫她想出來的，風絮就是隨風飄散的一朵楊花，比喻一個人心比天高，卻難免流於浮躁，以致一事無成。

李健吾認為，《風絮》作為楊絳第一次在悲劇方面的嘗試，猶如她在喜劇方面的超凡成就，顯示出她深湛而有修養的靈魂。

這四部作品尤其是前兩部，成就了劇作家楊絳的大名，但楊絳從來都不以劇作家自居。她自知對戲劇這個文體不感興趣，所寫的幾個劇本，只是當成「學徒的認真習作」，所以寫了這四部作品後，她畢生都沒有重拾過寫劇本的活兒。她的劇本，並不符合當時戲劇界反映人民不屈的「主旋律」，但自有其積極意義。她自己評價說：「如果說，淪陷在上海日寇鐵蹄下的老百姓，不妥協、不屈服就算反抗，不愁苦、不喪氣就算頑強，那麼這兩個喜劇裡的幾聲笑，也算表示我們在漫漫長夜的黑暗裡始終沒有喪失信心，在艱苦的生活裡始終保持著樂觀精神。」

因為喜劇寫得好，楊絳一度成為上海戲劇界的紅人，被很多劇團當成貴賓。她每次到劇場去看戲，劇團總把第五排正中最好的位子給她留著。錢鍾書少負才名，此時卻常常被人介紹成「編劇楊絳的丈夫」。有一次，他們一起去看歷史古裝劇《釵頭鳳》，寫戲的編劇熱情地招呼楊絳，卻不怎麼搭理錢鍾書，他未免有點失落，以後就不大去看戲了。

楊絳在戲劇界炙手可熱，回到家裡卻毫無驕氣。錢鍾書向友人辛蒂稱譽她的三件事中，頭一件就是「《稱心如意》上演，楊絳一夜成名，可是她還和以前一樣，一點沒變，就像什麼也沒發生，照舊燒飯、洗衣，照顧我吃藥。」

對妻子的驟然走紅，錢鍾書並沒有感到心理不平衡，他對她說：「照理我應該嫉妒你，可是我最敬佩你。」

這對夫妻，甘為對方的粉絲。

為他甘為「灶下婢」

在湘西藍田那些漫漫長夜裡，遠離妻女的錢鍾書以寫作和閱讀來打發時光。就在那時候，一部小說的藍圖已在他腦中構思好，一個個唯妙唯肖的人物慢慢在他腦海中鮮明起來，呼之欲出。

這就是後來的《圍城》。

凡是寫作者都會有這樣的感受：當腦子裡的人物活躍到一定程度時，總是會迫不及待地想把他們寫出來。

回到上海的錢鍾書，就飽受這種創作欲的折磨。那時的他有一種惶急的情緒，手裡正忙著寫下半部《談藝錄》，又忍不住想寫小說。他三十五歲所作生日詩裡有一聯：「書癖鑽窗蜂未出，詩情繞樹鵲難安」，正是描寫這種創作欲太過旺盛，以至於兼顧不及的心境。

《稱心如意》上演後，錢鍾書去看了，回來後對楊絳說：「我也要寫，我想寫一部長篇小說！」楊絳聽了很高興，忙催他快寫。他卻還是顧慮時間分配不過來，楊絳忙開解他說：「不要緊，你可以減少授課鐘點。家裡的生活很節儉，還可以再節儉些。」

正好那陣家裡的女傭辭工回家，楊絳為節省開支就暫時不請女傭，而是自己充當「灶下婢」。

那時她已經是小有名氣的劇作家了，可在家裡，卻承擔了所有的家事。國內的家務比出國留學時繁雜了許多，劈柴、生火、燒飯、洗衣這些她都一力承擔。她以前畢竟是個嬌小姐，沒幹慣這些粗活，不是手上被滾油燙出泡來，就是被熏了個大花臉。她還學會了自製煤球，用煤末子摻上煤灰，再和上水，做成一個個煤餅，砌在窗臺上。做煤餅時，黑色的煤末會嵌入指甲縫裡，素來喜愛整潔的她也顧不上了。

在錢鍾書寫《圍城》期間，她一個人每天要完成這些事：教因體弱休學在家的圓圓功課，給全家人做三頓飯，洗婆婆、丈夫、女兒和自己的衣服，還得抽空寫她的第四個劇本《風絮》。錢鍾書見她忙得像陀螺，暗自心疼，便關上衛生間的門，悄悄洗自己的衣服，但他從沒做過家務，所以洗得一點兒都不乾淨，每次楊絳還得背著他重洗一遍。不過對他的這份心意，楊絳還是心懷感激。

她的付出贏得了錢家上下一致的好評，婆婆心疼地勸她吃點好的，公公來信讚她「安貧樂道」，嬸嬸也誇她「筆桿搖得，鍋鏟握得，上得廳堂，下得廚房，入水能遊，出水能跳」，說錢鍾書是「癡人有癡福」。

饒是如此勞累，她還是覺得自己的付出很值得，因為她和錢鍾書一樣，都是那種把精神生活看得高於一切的人。能夠在第一時間讀到丈夫所寫的小說，那種樂趣遠遠勝過物質上的享受。

《圍城》從一九四四年寫到一九四六年，足足寫了兩年，錢鍾書稱自己是「錙銖積累」寫成的，楊絳則是「錙銖積累」讀完的。他每天大概寫五百字，寫好修訂後就急不可耐地拿給她看，她接過去也急不可耐地讀完。

因為熟悉其中一些人的影子，她每每讀到會心處，就樂得大笑，錢鍾書也看著她大笑，兩人相對而笑，心照不宣。讀完今天寫的五百字，她已經急切地期待著明天的內容。

這一幕，不禁讓人想起脂硯齋點評《石頭記》的故事來，和那位熟悉曹雪芹的脂硯齋一樣，楊絳也一樣熟悉錢鍾書筆下的典故和人物，毫無疑問，她們都是作者的理想讀者。寫長篇小說本來是件很寂寞的事，有這樣一位理想讀者每日與之交流督促，想必也會在無形中增加不少動力。

和《紅樓夢》一樣，《圍城》雖是虛構的故事，卻都有真實生活的原型。比如男主人公方鴻漸就和錢鍾書一樣，都是無錫人士，也都留過洋，但他們的性格和經歷完全不同。方鴻漸的父親方遯翁，其身上的名士之風也和錢基博有所相似。

至於楊絳本人，她不僅是小說的第一讀者，還為《圍城》提供了不少素材。她曾經將在啟明上學時的經歷告訴給錢鍾書，結果錢把啟明的一個姆姆的口頭禪寫進了書中；她在清華做學生的時候，春假外出旅遊，夜宿荒村，夢見身下有個小娃娃直嚷：「壓住了我的紅棉襖。」這段佚事也被錢鍾書寫進了小說中。

細心的讀者可能還會發現，《圍城》中的唐曉芙身上，隱約可以見到楊絳的影子。唐曉芙顯然是作者偏愛的女性人物，我們且來看一看，剛出場的她在方鴻漸眼裡是什麼樣的形象：

> 唐小姐嫵媚端正的圓臉，有兩個淺酒窩。天生著一般女人要花錢費時、調脂和粉來仿造的好臉色，新鮮得使人見了忘掉口渴而又覺嘴饞，仿佛是好水果。她眼睛並不頂大，可是靈活溫柔，反襯得許多女人的大眼睛只像政治家講的大話，大而無當。

圓臉、仿佛水果一樣的好臉色、不大而靈活溫柔的眼睛，這幾樣特徵，簡直像是照著少女時代的楊絳描繪出來的。除了容貌相似，唐曉芙的家世、素養也與楊絳相近，只是她性格更活潑些，楊絳則比較沉靜。

《圍城》中的女性大多並不可愛，蘇文紈太矯情，鮑小姐太不知檢點，孫柔嘉則城府太深，只有唐曉芙單純、清新、可愛，所以作者盛讚她：「總而言之，唐小姐是摩登文明社會裡那樁罕物——一個真正的女孩子。有許多都市女孩子已經是裝模作樣的早熟女人，算不得孩子；有許多女孩子只是渾沌癡頑的無性別孩子，還說不上女人。」

當然，小說中的人物不可能照搬生活中的一個人，而是雜糅了數個人物的特質於一體。楊絳後來寫《記錢鍾書與〈圍城〉》一文，說到了書中很多人物的原型，但唯獨沒有提唐曉芙。只是在對吳學昭口述往事時，提起過錢鍾書寫唐曉芙這一人物時說要向她「借些影兒」。

作家心目中的女神，往往是他們筆下理想女性人物形象的來源，金庸一生癡戀夏夢，所以他筆下的黃蓉、小龍女都有夏夢的影子。但像錢鍾書這樣，把妻子當成理想女性的原型，實屬少見，這也是他「癡氣」的一種表現。

所以楊絳評價說：「我認為《管錐編》《談藝錄》的作者是個好學深思的鍾書，《槐聚詩存》的作者是個『憂時傷生』的鍾書，《圍城》的作者呢，就是個癡氣旺盛的鍾書。」

不得不說，她始終是最瞭解錢鍾書的人，這幾句點評勾勒出了一個立體而鮮活的錢鍾書。得妻如此，夫復何求。

錢鍾書出版第一本書《寫在人生邊上》時，曾鄭重地題詞「贈予季康」，後來出短篇小說集《人・獸・鬼》，他甚至在樣書扉頁上寫道：「贈予楊季康。絕無僅有的結合了各不相容的三者，妻子、情人、朋友。」這時候，離他們結婚已有十餘年，他待她仍一如當初。這樣的讚美之詞，可說是別開生面，絕無僅有。

等到《圍城》問世後，他沒有再寫「贈予季康」，而是在序裡寫了這樣一段感謝的話：「這本書整整寫了兩年。兩年裡憂世傷生，屢想中止。由於楊絳女士不斷地督促，替我擋了許多事，省出時間來，得以錙銖積累地寫完。」

《圍城》一九四六年才寫完，完稿後在《文藝復興》上連載，和當時張愛玲的小說在《紫羅蘭》上連載一樣惹人注目。讀者眼巴巴地等著下一期雜誌出來，買到手後，先看《圍城》。很多讀者紛紛打聽作者是誰，有人回答說，錢鍾書就是楊絳的丈夫。

錢鍾書由此有了大批的粉絲，不少人看了他的《圍城》後，自行上門欲結交，這其中甚至有熱情而大膽的女學生，認定作者和方鴻漸一樣婚姻不幸福，來信說要和他做「非一般的朋友」。有些認識的朋友按照索隱的方式去讀小說，覺得被他寫進了書裡，很不高興。索隱派還將楊絳當成了孫柔嘉，有一次，錢鍾書的學生上門拜訪，見了楊絳後，那學生禁不住說：「錢先生，其實您的柔嘉蠻不錯的嘛！」

李健吾看到這部書稿時，也不禁吃了一驚，他沒想到這個做學問的書蟲子，竟然寫起小說來了，而且一寫就出手不凡，儼然是一部「新儒林外史」。

劇作家楊絳搖身一變，成了小說家錢鍾書的夫人。對於這個變化，錢鍾書不無驕傲，楊絳本人也充滿喜悅。

這股「《圍城》熱」持續了很久，到了二十世紀八〇年代，還餘熱未衰，以至於全國都在爭說《圍城》。有讀者特別想見作者，錢鍾書就在電話裡毫不客氣地對她說：「如果你吃了一個雞蛋，覺得好吃，你又何必去認識下蛋的母雞呢？」

上海電影製片廠的導演黃蜀芹，偶然在延安的一個小書店裡買到本《圍城》，讀了之後拍案叫好，欲改編成電視劇。黃蜀芹的父親是黃佐臨，也就是楊絳劇作《稱心如意》的導演，說起來兩家還頗有淵源。

黃蜀芹讓父親寫了封介紹信，然後帶著已編好的電視劇本親自到錢家拜訪。她的誠意打動了錢楊二人，楊絳不愧是戲劇界的行家，她仔細讀了黃蜀芹的劇本，提出了四十多處修改意見，這些意見後來都被採納了。

《圍城》開頭的那兩句旁白，也出自楊絳之手：「圍在城裡的人想逃出來，城外的人想衝進去。對婚姻也罷，職業也罷，人生的願望大都如此。」

很多年以後，觀眾們可能都已淡忘了電視劇《圍城》的劇情，但對這幾句開頭的旁白卻記憶猶新，成為《圍城》的最佳注解，起到了畫龍點睛的作用。

婚姻真的是一座圍城嗎？也許對大多數人來說的確如此。幸運的是，《圍城》的作者和他的夫人，顯然從未有過身處城中的無奈和困頓感。他們屬於極少數的幸運者。

世界上最疼她的那個人走了

一九四五年暮春的一天，楊絳接到弟弟的電話，說父親生病了，讓她趕緊回蘇州。她和小妹妹楊必好不容易買到車票，經過一路顛簸，到達太倉，卻遭遇河上斷橋，她們無路可走，只得原路返回上海。

楊絳帶著楊必回到上海錢家，驚魂未定地說：「走了一天，又回來了。」客堂裡坐滿了人，大家看著她們姊妹倆，誰也不說話。錢鍾書走過來牽著她的手走到廚房稍暗處，沉痛地告訴她：「剛才蘇州來了電話，爸爸已經過去了。」楊絳姊妹倆如雷轟頂，相對痛哭。

第二天她們終於趕回蘇州，父親的靈堂已經布置好了。棺木停在大廳上，白色布幔上掛著他的遺像，幔前有一張小破桌子。楊絳像往常一樣為父親泡了一碗濃濃的蓋碗茶，放到破桌上，坐在門檻上哀哀地哭了起來。

因為尚在戰亂中，父親的喪事辦得很簡單，來弔喪的人並不多。

蘇州廟堂巷的這所房子，曾經留下一家人多少歡聲笑語，如今雖然已經敗落不堪，她們姊妹也不忍心將之出售，而是決定留存下來，也留存一段生命中最美好的回憶。

這是楊絳第二次失去生命中的至親。前一次人在異鄉，聽聞噩耗時母親已去世多時，悲哀好像也隔了一層。這一次的悲哀卻如此分明。

父親是世界上最疼愛她的那個人。

關於父親的往事，一幕幕地浮現在眼前。

父親得知她們母女歸國，怕她們住在婆家受委屈，忙從三姊帶花園的寬敞洋房中搬出來，另租了一套小小的房子和她們母女同住。

父親在所有子女中，最疼愛的就是她，連帶著對她的女兒，也未免多些疼愛。圓圓回國後，楊絳一開始沒請到小阿姨，父親就親自帶她，自稱「奶公」。

父親有一隻心愛的小耳枕，是母親在世時特地給他做的，中間有個孔，睡覺時可以把耳朵放進去。這個小耳枕他誰也不讓碰，只有圓圓可以睡。他睡午覺時，就讓圓圓枕著那個小耳枕睡在他的腳頭，這是連楊絳都沒有享受過的待遇。

圓圓記性好，外公十分喜歡，稱讚她過目不忘。有一次，楊絳怕家裡太擠，去外面另找房子住。搬出去之前，外公對圓圓說：「搬出去，沒有外公疼了。」圓圓聽懂了他的話，眼淚大顆大顆地掉下來，把外公膝蓋上的麻紗褲都浸濕了。很少落淚的外公也跟著哭了。

楊絳姊妹們都很有孝心，自從母親去世後，待父親就更貼心了，她們陪父親上街買鞋，在家為父親理髮，她們還特地買來各種精緻的糖果點心，裝在父親床頭的瓶瓶罐罐裡。姊妹們時不時檢查下看哪個罐子空了，知道父親愛吃哪種糖果，就連忙再買來裝滿了。她們自以為做得十分隱祕，誰知道父親去世後，楊絳從他的日記中看到，父親每次都記著「阿×來，饋×」，原來他對女兒們的孝心一點一滴都看在眼裡。

父親和錢鍾書都是讀書人，翁婿間相處得非常融洽。錢鍾書不怎麼服自己的父親，但很服岳父。他們常常在一起相與歡笑，說些精緻典雅的淘氣話，談笑終日，父親還問過她：「鍾書總是這麼高興嗎？」

錢鍾書奉父命去藍田師院前，她心裡很不樂意，希望他留在聯大任教。她回娘家後說了心事，父親聽了卻一言不發，沒有發表任何意見。她從父親的沉默中得到了啟示，知道應該尊重錢鍾書的選擇，他既決心不悖逆父意，她自然不該干預。

父親去世後，作為女婿的錢鍾書也十分懷念他。岳父留下來的舊衣舊鞋，他都當寶貝一樣經常穿著，稱為「爸爸衣」「爸爸鞋」。有一次，楊絳整理父親的遺作，翻遍全書也找不到所引的原句，便說：「準是爸爸隨筆寫來，引用錯了。」錢鍾書卻很篤定地說：「爸爸絕不引錯。」他思索一番，覺得那位作者肯定還有佚文。楊絳照著他說的去找，果然找到了原句。他每每看到稿子裡有感興趣的篇章，常神往地說：「我若能和爸爸相對議論，該多有趣。」

父親一生剛直忠貞，在家從不談國事，卻無形中讓子女受到他愛國心的感召。那時他的朋友中不乏做了漢奸走狗的，有時楊絳姊妹詫異某某人很久沒來了，父親就說沒臉來了，意思是那人「落水」了。還有一次，父親在公園散步碰到一個淪為漢奸的熟人，公然視而不見，事後那人頗為憤然，說「楊蔭杭眼睛瞎了」。

受父親的影響，楊絳姊妹雖對政治均沒什麼興趣，但底線卻非常明確。

楊絳最為父親感到難過的是，眼見著抗戰就要成功了，父親卻在勝利前夕去世了。「家祭無忘告乃翁」，縱然如此，又如何能撫平父親心頭的遺恨？

日本投降的消息傳來後，她想起父親來，一個人在亭子間難過得簌簌流淚，深深為父親感到遺憾。錢鍾書安慰她說：「無論如何，漫漫長夜已經過去，爸爸會為我們高興，為國家高興。我們終於熬過來了。」

父親對子女都很民主，從不「專兒女的政」。楊絳還記得，父親從上海回蘇州前，把小妹妹楊必託付給她。說起楊必的婚事，父親嚴肅地說：「如果沒有好的，寧可不嫁。」怎麼也沒想到，這竟是父親對她說的最後一番話。

父親有一箱子古錢，說是要留給楊必以後出國留學用，可這一箱子錢後來都在動盪中散落無蹤。父親去世後，她們姊妹曾在上海霞飛路一家珠寶店的櫥窗裡看到一個「陳摶老祖像」，那是用竹根製成的，父親常常擺在書案上，還常用「棕老虎」（棕製圓形硬刷）給陳摶刷頭皮，所以她們一眼就認出來了。還有一次，她們在另一家珠寶店裡看到父親的另一件玩物。物是人非，難免有睹物思人、「是耶非耶」的幻滅之感。

父親去世後，楊絳始終懷念著他。二十世紀九〇年代，她特意彙集父親二〇年代的文章，編成《老圃遺文輯》。那些文章大多是父親發表在《申報》上的時評，從中可想見其「鐵肩擔道義，妙手著文章」的風範。

楊絳常覺得，父親這輩子，在培育子女身上花費了太大心血，以至於未能充分發揮自己的才能，寫出滿意的作品來。她有時候想，若父親能像自己一樣長壽，他的《詩騷體韻》準可以寫成出版，但以父親寧折不彎的性格，如果活到「文革」時，大概是會被紅衛兵打死的。

她在翻譯《堂吉訶德》時，總覺得最傷心的是堂吉訶德臨終前的清醒話：「我不是堂吉訶德，我只是善人吉哈諾。」想起父親來，她也只能替他說：「我不是堂吉訶德，我只是你們的爸爸。」

父親沒有留下什麼大部頭的作品，他最好的作品就是他的兒女們。能夠有這樣的父親，是楊絳姊妹弟兄一輩子的幸運。

只願在祖國做個馴良的老百姓

戰亂年代，最是考驗人的定性。陷入敵偽統治的上海，到處風聲鶴唳，有些人在日軍和汪偽政府的威逼利誘下，失足落溷，有些人卻守住了內心的底線。

錢鍾書和楊絳便是後者。儘管那時貧病交加，生活困頓，他們卻巍巍有骨氣，艱難度日而不失本真。

楊絳外表看似柔弱，內心卻不乏鐵骨錚錚的一面，頗有其父之風。她對日本人憎惡之極，有時甚至會將這種憎惡表現出來。

她在北區小學當代課教員時，要乘有軌電車經過黃埔江大橋，在橋頭下車排隊步行過橋。這時日軍已開進上海租界，把守在橋頭，每個經過的行人都要向他們鞠躬。楊絳不願行這個禮，往往低頭而過，僥倖沒被發現。

後來日軍改了辦法，電車過橋時，乘客不必下車而由日本兵上車檢查。檢查時，乘客都得起立。有一次楊絳比別人起立得稍晚些，一個日本兵見她低頭站著，很不高興地走過來，用食指將她下巴猛地一抬。楊絳怒火中燒，很想罵他一句，但她是個從不會罵人的大小姐，盛怒之下也只不過盯著他大聲喝道：「豈有此理！」

這已經算闖了大禍了，車上的人都不敢作聲，日本兵聽不懂她說的話，對她怒目以視，她不能公然對抗，就怒目瞪著前面的車窗，相持了一段時間，那日本兵終於轉身下車。楊絳身邊的同事嚇壞了，不停地說：「啊唷，啊唷，儂嚇煞吾哉！儂哪能格？儂發癡啦？」所幸後來那個日本兵並沒有前來報復。

錢楊二人找工作，凡是和敵寇勢力沾邊的，不管待遇多好，都一概不碰。楊絳任職的北區小學被日本人接管後，她馬上就辭職了。

不少投靠了敵偽政府的文人看中了錢鍾書的才華，也想拉他一起「下水」。錢鍾書每每以詩自喻，如「彼舟鷁首方西指，而我激箭心東歸」，暗指自己和對方志不同道不合，並請來客好自為之，說客氣得拂袖而去，連呼錢鍾書實在太冥頑。他自己卻藉詩明志說：「此身自斷終不悔，七命七啟徒相規。」此句寫得字字鏗鏘，擲地有聲，可見凜然風骨。

一九四五年四月，日軍瀕臨戰敗，對上海控制更嚴，黎明前的黑暗愈加難熬。日軍常任意衝入民闖，逮捕市民。楊絳不幸也被波及，受了好大一場驚嚇。

一天，她正在廚房擇菜，聽見有人敲門，打開門一看，見外面站著一個日本人和一個朝鮮人。楊絳每臨危難時，常常顯現出有決斷力的一面，這時她心知不妙，急中生智，首先想到的就是得保存住錢鍾書的手稿，不能讓日本人搶了去。

她藉倒茶為由，飛快地跑上亭子間將錢鍾書的《談藝錄》手稿藏好，那稿紙薄而脆，絕經不起敵人的粗暴翻檢。

隨後她倒茶送進客堂。日本兵簡單地盤問了幾句，問她姓什麼，她答說姓錢。叔叔偷看到日本人的小本子上寫著「楊絳」兩個字，定要她去躲一躲。她趁日本人打電話時，偷偷由後門溜走，躲到鄰居家裡。她在鄰居家吃了飯，鎮定如常，飯後還幫著鄰居一起繞毛線。這時錢鍾書的堂弟跑過來說，日本人不肯走，嫂嫂不回去，就要把他和另一個堂弟帶走。

楊絳掛念家人安危，忙叫堂弟去巷子口通知錢鍾書讓他別回家，自己則拿了一籃子雞蛋，裝作剛從外面買雞蛋回來。那日本人叫住她，大聲喝問：「楊絳是誰？」她從容地回答：「就是我。」日本人拿出一張名片給她，讓她明天去憲兵司令部。

那晚全家都很擔憂，楊絳卻鎮定如常，睡得相當平靜。第二天她吃過早飯，穿一身黑衣服，在包裡放一本《杜詩鏡銓》就出門了。臨走前告訴家裡人，她如果過了一夜不歸，再設法求人營救。

到了憲兵司令部，她坐在會客室裡，像平常一樣，拿出《杜詩鏡銓》來孜孜細讀。剛讀完一卷，昨天那個日本人走進來，拿起她的書一看，笑著說：「杜甫的詩很好啊。」然後又問了她一些問題，口氣很溫和，態度很客氣，一點都沒有為難她，之後，還把她送到大門口。她回到家裡，一家人都放下心來。

後來才知道，原來日本人找的是另外一個人，以為「楊絳」是他的化名，才誤傳了她去。朋友們都說她很幸運，日本人待她很客氣。可能是她態度從容，毫不畏懼的作風感染了日本人，所以並沒有吃虧。她的朋友李健吾就沒那麼好運了，在憲兵部經歷了諸如灌自來水等酷刑。

那時候大家誰也不知道抗戰什麼時候才會結束，不知「長夜漫漫何時旦」。他們在這期間交了一些朋友，和傅雷夫婦尤其要好，晚飯後常常去傅家夜談。有人說傅雷「孤傲如雲中鶴」，但他在朋友面前卻十分友好。楊絳後來回想起他，最先浮現在眼前的，總是個含笑的傅雷，眼裡是笑，嘴邊是笑，滿臉是笑。

傅雷待他們夫婦都青眼有加，錢鍾書是唯一敢當眾打趣他的人。每當傅雷和朋友們在客廳夜話，兩個兒子總愛躲在門外偷聽，他們愛聽「錢伯伯」說話。傅雷在他們面前，常自比為「牆洞裡的小老鼠」，感歎亂世裡人心叵測，世情險惡。

傅雷眼高於頂，輕易不讚許人，有一次見了楊絳刊登在《觀察》上的一篇譯文〈隨鐵大少回家〉，竟興沖沖地誇獎了她一番。楊絳只當他是敷衍自己，便照例謙遜一番。誰料傅雷怫然不悅，沉著臉發作道：「楊絳，你知道嗎，我的稱讚是不容易的。」

抗戰結束後，他們的境遇改善了很多。錢鍾書在中央圖書館做外文部總纂，後來還兼任上海暨南大學的教授，楊絳則在震旦女子文理學院任教。

好不容易趕走了日本人，上海文壇卻還是人心惶惶，不少人在考慮究竟何去何從。他們認識的人中，胡適去了臺灣，鄭振鐸去了香港，宋淇先是去了香港，後來又去了臺灣。

錢鍾書和楊絳卻打定主意要留下來。他們並不是天真的知識份子，也讀過一些描寫蘇聯鐵幕背後真實情況的英文小說，但他們猜想，中國和蘇聯的情況有所不同。他們別無所求，只想在祖國做個馴良的老百姓。

錢鍾書少年時是個很狂放的人，戰亂中的險惡處境讓他洞察了世態人心，狂氣也為之收斂了不少。他曾說：「一個人二十不狂沒志氣，三十猶狂是無識妄人。」從這時起，他和楊絳都成了孔子所說的狷者，狂者進取，狷者有所不為，他們始終保持著知識份子固有的骨氣和清高。

一次，錢鍾書去南京彙報工作，比平常回來得要早得多，楊絳覺得奇怪，他解釋說：「今天晚宴，要和『極峰』握手，我趁早溜回來了。」

他們有過很多遠走高飛的機會。香港大學請錢鍾書做文學院院長，他婉拒說「（香港）不是學人久居之地，以不涉足為宜」；牛津大學也發來邀請，想聘錢鍾書做高級講師，他推辭說牛津的天氣太惡劣了；曾任聯合國教科文會議第一屆大會代表團團長的朱家驊，非常賞識錢鍾書，許給他聯合國教科文組織的職位，並表示能為他的夫人謀一職位。錢鍾書一口拒絕，私下對楊絳說：「那是胡蘿蔔！」胡蘿蔔背後總伴隨著大棒，他不願意受胡蘿蔔的引誘，也不願受大棒的驅使。

人心不穩時，他們並不惶惶然，因為早在一九三八年，他們在戰火紛飛中回到祖國時，就已決定了要留在這片土地上。關於這種心境，楊絳在《我們仨》中說得很明白，不願意離開父母之邦，是因為當時國家是積貧積弱，跑出去只會仰人鼻息，做二等公民，「我們是倔強的中國老百姓，不願意做外國人」。

更重要的是，他們是文化人，愛祖國的文化，愛祖國的文字，愛祖國的語言。楊絳如是說：「中國的語言是我們喝奶時喝下去的，我們是怎麼也不肯放棄的。」正是基於這種對祖國文化的熱愛，他們才不願意遠走他鄉，因為文化的根始終在這裡。

錢鍾書常引柳永的詞說明對故土的依戀：「衣帶漸寬終不悔，為伊消得人憔悴。」楊絳在《幹校六記》中深情地寫道：「儘管億萬『咱們』或『我們』中人素不相識，終歸同屬一體，痛癢相關，息息相連，都是甩不開的自己的一部分。」祖國就是他們無論如何也撇不下的「伊」，也是楊絳筆下的「咱們」或「我們」。

很多年以後，已經步入老年的他們雙雙被下放，在幹校裡辛苦地接受「改造」，楊絳悄悄地問錢鍾書：「你悔不悔當初留下不走？」

錢鍾書毫不猶豫地回答：「時光倒流，我還是照老樣。」

這才是真正的對這片土地愛得深沉吧。

第五章

坎坷記愁
——每朵烏雲都鑲著金邊

卑微就是最好的隱身衣，身處卑微，人家就對你視而不見，見而不睹。消失於眾人之中，如水珠包孕於海水之內，如細小的野花隱藏在草叢裡。

——楊絳，於〈隱身衣〉之意

人生到底是什麼滋味？在《走到人生邊上》一書中，楊絳說了四個字：「人生實苦。」

歡娛的日子總是那麼短暫，進入中年的楊絳，將迎來一連串的急風驟雨：三反、大躍進、反右，然後是十年動亂。

接二連三的動盪猶如試金石，它可以讓虛偽的人露出原形，也可以讓真誠的人愈加坦蕩，所幸楊絳和錢鍾書通過了這場考驗。在動亂中，他們的身分和以前相比，完全「顛倒過來」了，卻依舊不怨天，不尤人，在大鳴大放的時候，依然保持著可貴的沉默。

高壓之下，多少人醜態畢露，但真正高貴的人卻會在黑暗中綻放出高潔的一面來，那是人性的微光，使人類文明不至於墮入無底的黑暗。

人們沒想到，看起來弱質芊芊的楊絳，居然有金剛怒面的一面，也有悲天憫人的一面。她始終有一股向上之氣，那股向上之氣來自她對文化的信仰，對人性的信賴。

風雨過後，她把這一切比喻成鍛煉。她說，一個人經過不同程度的鍛煉，就獲得不同程度的修養，不同程度的效益。好比香料，搗得愈碎，磨得愈細，香得愈濃烈。

人生的確是苦的，但也不要忘記了，每朵烏雲都鑲著金邊。

平靜之後是風雨

一九四九年八月二十四日，楊絳和錢鍾書帶著女兒圓圓，登上了前往北平的火車。這趟車他們曾乘過許多次，這一次，他們將定居這裡，從此江南成了舊鄉。

此次北上，他們是應母校清華之邀，在外文系任教。

多年的操勞，累壞了楊絳，近年來她總覺得病懨懨的，提不起精神。每日午後總有幾分低燒，體重每個月都減輕一磅。錢鍾書心疼妻子，想著換換空氣也許會對身體有好處，便答應了去清華任教。

楊絳對清華有著特殊的感情，當重返母校的那一刻，她的心間一下湧現出華茲華斯的詩句：「My heart leaps up when I behold...」（我心躍起……）。

清華園中遍植嘉木，鬱鬱蔥蔥，圓圓曾經驚歎：「水木清華是世界上最美麗的地方。」生活在這風景如畫的校園，楊絳病弱的身體很快就恢復了健康。

清華有規定，夫妻二人不能同時任正式教授。楊絳自然是不可能和丈夫相爭的，於是錢鍾書入職做了外文系正式教授，教大二英文，另外還教《西洋文學史》和《經典文學之哲學》。楊絳則甘願做個兼職的教授，教《英國小說選讀》。她自稱是「散工」，在待遇方面雖不能和丈夫相比，但樂在清閒，正好有很多空閒的時間可以用來讀書。

這是他們一家三口最輕鬆愜意的一段時光。國內大局已定，一切都是光明的、新鮮的，這樣的局勢讓人安心。到了清華，最開心的當數他們的女兒圓圓。圓圓那時已經十二歲，不再是小丫頭了，該稱她的學名錢瑗了。錢瑗自幼體弱多病，在上海的時候，曾經生過一場大病，右手的食指骨關節腫大，醫生診斷為骨結核，並下結論說：「此病目前無藥可治。」

錢瑗聽了，含著眼淚跟媽媽說：「我要害死你們了。」楊絳忙安慰她說這病生得還算是時候，那時正是一九四七年，對日戰爭已經結束，家中的條件改善了不少。楊絳讓女兒躺在床上休養，每天餵她吃藥和營養品。十個月之後，錢瑗胖了一圈，病也好了。

到北京後，楊絳憐惜女兒體弱，怕去初中念書功課繁重，便讓她休學在家，自己教她初中課程。錢瑗和媽媽一樣，具有超強的自學能力。楊絳教她數學，教著教著覺得吃力，便對她說：「媽媽跟不上了，你自己做下去，能嗎？」錢瑗居然真的無師自通，自學完了初中的數學課程，順利地考上了貝滿女中。後來她還考入北京師範大學俄語系，並在畢業後留校任教，成了家裡第三位教師尖兵。在數學方面，她比父母的天賦好得多。

十幾歲的錢瑗，已經長大，成了爸爸媽媽的貼心小棉襖。很多時候，錢鍾書到外地出差前，不是吩咐妻子照顧女兒，而是叮囑女兒照顧好媽媽。

楊絳膽子很小，素來怕鬼，錢瑗卻膽子很大，一點兒都不怕。每次楊絳要去溫德先生家聽音樂，都是女兒陪她同去。錢瑗還會幫媽媽幹活，有一次下大雪，家裡的傭人不在，沒人往屋裡挑煤，她力氣小挑不起煤，便把煤炭中的貓屎鏟去，幫媽媽節省一道工序。

她事事把爸爸媽媽放在第一位，讀高中的時候，學校想動員她入團，但她總說自己不夠格，以後再爭取。事實上，那時同學們都稱楊絳夫婦為「糖衣炮彈」，她怕入了團後，就得和爸媽保持距離，那樣就和家裡不親了。

女兒如此貼心懂事，楊絳無須在她身上花費太多時間，便有了更多的精力去做自己的事。授課之餘，她完成了自己的第一部長篇譯作——《小癩子》。這是西方「流浪漢小說」的鼻祖，採取自述體裁，由一個卑賤天真的窮苦孩子，講自己一處處的流浪生活。楊絳很喜歡這種用幽默來講述苦難的題材，所以悉心翻譯了此書。她最初是根據英譯本轉譯的，後來又照法譯本重譯了一遍。等到自學了西班牙語後，又根據西班牙文再譯一遍。她深深地覺得：「從原文翻譯，少繞一個彎，不僅容易，也免了不必要的錯誤。」

楊絳在所有文體中，對小說最情有獨鍾。可她一生有譯著多部，寫的小說卻寥寥無幾。她在翻譯上投入了如此多的精力，一來是時勢使然，二來也離不開父親楊蔭杭的影響。父親曾對她說：「與其寫空洞無物的文章，不如翻譯些外國有價值的作品。」又說：「翻譯大有可為。」這些話雖是父親不經意時說的，她卻一直記在心上。

在清華居住的時光，對於他們一家三口都是彌足珍貴的美好回憶。其實錢鍾書在清華僅僅待了一年，第二年就被抽調去翻譯毛澤東的作品了。

那一年裡，他們小小的居室裡常常有良朋來晤，環繞著歡聲笑語。他們甚至還養了一隻貓，叫作「花花兒」。這是一隻通人性的貓，和楊絳最親，每天早上，都要親昵地聞聞她，對她行個「早安禮」。

重返清華不久後，楊絳夫婦就敏感地察覺到此時的清華已不復是舊時清華。寧靜的校園內似乎在醞釀著一場風暴，果然沒過多久，「知識份子思想改造運動」就開始了。這場運動又稱「三反」，即反貪汙、反浪費、反官僚主義，其實就是給知識份子們「脫褲子」「割尾巴」。這樣的話讀書人說不出口，就戲稱為「洗澡」。

那時，大學中很多女同志已經率先穿上了列寧服，楊絳卻還是穿著從上海帶來的旗袍，撐一把小陽傘，像是仍停留在舊時光裡。

老友周芬曾經到清華來探訪過楊絳，回去後，同學們問她：「（楊絳）還是那麼嬌滴滴的嗎？」她笑著回答：「還是那麼嬌滴滴的。」這種嬌滴滴的印象，可能是指楊絳那種舊時淑女的風度。

由於楊絳對政治沒有興趣，不肯說一句有關政治的話，錢偉長曾當著她的面對費孝通說：「咱們來改造她！」費孝通知道楊絳的性格，連連擺手說：「勿要，勿要。」

「洗澡」開始了，費孝通還做了全校性的「示範報告」。楊絳沒去聽，有人告訴她，在報告裡，費孝通檢討說，他「向上爬」的思想最初是「因為他的女朋友看不起他」。這個女朋友顯然是指楊絳，她聽了一笑了之。

楊絳當時在清華做兼職教授，她講授的《英國小說選讀》，和《詩歌》《戲劇》一起被認為是三大「危險課」，很容易犯政治錯誤。於是她上課時索性避談政治，著重講小說的技巧。講英國小說，自然繞不開簡・奧斯丁的《傲慢與偏見》、狄更斯的《大衛・科波菲爾》等作品。裡面有大段關於戀愛的描寫，比方提到男主人公戀愛時覺也不睡，飯也不吃，她解讀說：「寫戀愛用這種方式是陳腐的濫調。」

輪到她「洗澡」的時候，她自我檢討說自己滿足於當賢妻良母，沒有新中國人民的主人翁意識，檢討一次性就通過了。去開控訴大會時，她懷著輕鬆愉快的心情，叫了個親戚一同去聽。結果在控訴大會上，有個楊絳從來沒見過的女孩登上了臺，咬牙切齒地大聲列舉楊絳的罪名：

「楊季康先生上課不講工人，專談戀愛。」

「楊季康先生教導我們，戀愛應當吃不下飯，睡不著覺。」

「楊季康先生教導我們，見了情人，應當臉發白，腿發軟。」

「楊季康先生甚至教導我們，結了婚的女人也應當談戀愛。」

楊絳見那女孩並不是自己班上的學生，不禁茫然失措。臺下聽眾一片哄笑，她那位親戚則十分氣憤。還是費孝通看不下去了，遞了張紙條給那個女孩，讓她說得簡短點。

散會後，大家都遠遠地避開楊絳。有一個女人還感歎說：「唉，還不如我們無才無能的呢！」

楊絳自問並沒有說過那些話，可這會兒她無從辯解，也沒有人聽她的辯解。她怒火中燒，像個鼓鼓的皮球，沒法按下個凹處來承受這份侮辱。

第二天她想通了，既然問心無愧，何必如此憤怒。早上起來，她特意打扮得喜盈盈的，拎個菜籃走到校內菜市場人最多的地方去轉悠，她就是要看看，人們聽到了那些誣衊、攻擊她的話，會怎麼對她。果然有些人就假裝沒看見她，可還是有人照常和她打招呼。

她那時暗想：「假如我是一個嬌嫩的女人，我還有什麼臉見人呢？我只好關門上吊啊！」幸好她並沒有大家看起來那麼嬌嫩，而是坦然地邁過了這一關。

這是對知識份子的，有些人並沒有熬過去。楊絳和錢鍾書有位共同的朋友叫高崇熙，是清華大學化學系的創辦者。他性子高傲，有些落落寡歡。在思想改造的浪潮中，像他這樣的知識份子自然會被捲入其中。一個週末，楊絳夫婦經過化工廠高家，便走進去看望高崇熙。

他那天的表現很反常，問他控訴大會舉行得如何，他不願多說，只說快結束了。他好像沒什麼話要和他們說，卻在他們告辭後送了又送，彷彿依依不捨。

過了一天，傳來消息，高崇熙昨天自殺了。楊絳後悔不已，心想：「只恨我們糊塗，沒有及時瞭解。」現在看來，他戀戀不捨地送楊絳他們出門，何嘗不是對生命的留戀，只可惜這份留戀微薄至極，已經無法抗衡他對這世間的厭倦。

這是楊絳在一系列「運動」中失去的第一個朋友，所以印象特別深刻，後來她還專門撰文懷念高崇熙。

空氣中彌漫著「山雨欲來風滿樓」的味道，更大的風雨還在後面。一九五二年秋天，錢鍾書和楊絳被調離清華，分配到北京大學下屬的文學研究所。楊絳從此時開始，先後任北大文學研究所、中國社科院文學研究所、中國社科院外國文學研究所（下文簡稱為外文所）的研究員。

調到文學研究所後，他們不得不搬離無限眷戀的清華園，住進了中關園宿舍。他們的愛貓花花兒抗拒新居，搬入後不久就溜走了。

這如同一個預兆，昭示著他們曾經寧靜悠然的書齋生活，也將伴隨著花花兒的驟然失蹤而一去不復返。

灰暗年代的一抹口紅

如果沒有六七十年代浩浩蕩蕩的一連串運動，人們對楊絳的印象，可能會永遠固化為「嬌滴滴的名門淑女」。只有在經歷了那麼多劫難之後，人們才驚訝地發現，原來這個貌似嬌弱的女子居然可以如此堅忍。

他們在中關園只分配到一套小小的房子。錢鍾書將新居命名為「容安居」，取陶淵明名句「審容膝之易安」之意，意思是即使是一間小小的斗室，也足以容身了。楊絳深知夫君的心，特意在門前小院親手植上五棵垂柳，這是以陶淵明筆下的「五柳先生」自許了，蔣和森還特意為他們畫了一幅五柳先生和夫人舉案齊眉的圖。

這對夫妻，只想在紛亂的世界中擁有一張安靜的書桌。可惜那個年代很快揭開了風雨飄搖的序幕，繼「洗澡」之後，緊接著就是反右、大躍進，然後是持續了十年之久的文化大革命。

現在的年輕人對這些詞語可能已經相當隔膜了。那時候知識份子幾乎人人自危。流行揭發和批鬥的年代裡，若想避免被揭發和批鬥，似乎只剩下一條路可走，那就是將矛頭對準其他人。一時間，到處都在「大鳴大放」，朋友反目、兄弟操戈的事情不知有多少。

在這樣的風氣中，楊絳和錢鍾書始終一言不發。不少人動員他們「鳴放」，可他們就是不願「奉旨鳴放」，不喜歡跟著起哄。楊絳知道錢鍾書有時口無遮攔，便囑咐他，飯少出去吃，話少講，不要隨波逐流。

他們有自己的處世原則，錢鍾書的名言是：「If we don't have freedom of speech, at least we have freedom of silence.（如果我們無法擁有言論的自由，我們至少還擁有沉默的自由。）」

只是萬萬沒有想到，許久以後，這種沉默竟然成了某些人攻訐他們的藉口。那些滿口仁義道德的人指責他們不該明哲保身，而是應該發聲抗議。這未免太過苛求了，知人也得論世，在那樣的高壓之下，能夠保持沉默已經是非常了不起了。沉默，至少意味著不作惡，不配合，他們用沉默捍衛了自己的良心，也用沉默表達了無聲的抗議。

我們不能要求每個人都做鬥士，鬥士也不符合錢楊夫婦的性格。他們是狷者，不求有所為，但始終保持著有所不為的底線，他們從來沒有揭發、出賣過任何人。這樣的沉默，即是風骨。

反右運動中，不少勸他們夫婦發言的人都被劃為右派，馮鐘璞事後問楊絳：「楊先生，你為什麼有先見之明？」

楊絳淡然地回答說：「我毫無先見之明，只是不喜歡跟著起哄而已。」

她的沉默完全是出自教養，沒想到竟保護了自己。

風雨如晦的日子裡，看起來嬌嬌弱弱的楊絳一次又一次讓人刮目相看。

第一次讓人刮目相看，是在一九五八年的「拔白旗」運動中。像她這樣的「嬌小姐」，自然會被當成「資產階級白旗」拔掉。文學所組織知識份子深入民間接受改造，也就是「下鄉」。楊絳是文學所第一批下鄉的，據葉廷芳描述，那時的她「個兒中等，身材勻稱，皮膚白皙，步履輕盈、端莊」「沒有一般知識份子女性常有的矜持，見人總是和顏悅色，說話慢條斯理，舉止溫文爾雅」。

這樣一個斯斯文文的女性到了鄉下，經受的是前所未有的考驗。楊絳戲謔地形容為「過五關斬六將」，「五關」分別是勞動關、居住關、飲食關、方便關和衛生關。對於生性愛潔的她來說，最難過的就是方便關，鄉下人用來方便的缸子多半裝得太滿，上面的薄板又滑又脆，踩上去，令人戰戰兢兢，生怕跌進缸裡去。有一次，她吃壞了肚子，半夜一個人跑出去，誰知道大門鎖了，她只得學家中的貓，找個遠遠的地方挖了個坑，解決了問題後再掩上土，用落葉鋪平。

奇怪的是，老鄉們都愛和她接近，願意跟她說心裡話，因為她總是笑眯眯的，願意聽大家說話。有個鄉下的老媽媽，見了她就撫摸著她的臉說：「噢唷，才十來天，已經沒原先光了。」看她如此受老鄉歡迎，同行的人都叫她「友好使者」。

下鄉兩個月，楊絳的主管領導回所彙報說，「楊季康在鄉下能和農民打成一片」，連錢鍾書聽了都頗為驚奇。這次下鄉，老鄉們的口碑可以證明，楊絳並不是個只會享受的嬌滴滴的資產階級女性。她遠遠比人們想像的能吃苦。

楊絳第二次讓人們刮目相看，是在文化大革命中。

一九六六年，楊絳和錢鍾書先後被當成資產階級毒草給「揪」出來了。他們的存款被凍結，工資遭停發，不時被押上臺去批鬥示眾。批鬥時掛在胸前的牌子還是他們自己製作的，兩人各按規定，精工製作，做好了再用楷書寫上自己一條條罪名，然後掛在胸前，各自鑒賞，有種恍然如夢的錯覺。

後來，他們被分配了兩個新的工作，錢鍾書負責掃院子，楊絳則負責掃女廁所。她找來小鏟子、小刀子，又用竹筷和布條做了一個小拖把，還準備了一些去汙粉之類，把兩個骯髒的瓷坑、一個汙垢重重的洗手盆和廁所的門窗、牆壁都擦洗得煥然一新。大家都說她收拾的廁所乾淨，連水箱的拉繩上都沒有一點灰塵。

十年動亂對人最大的折磨不是扣發工資，而是精神上的侮辱。驕傲了大半生的錢鍾書一天被人剃了個「十字頭」，他就頂著這個怪頭回到家裡。幸好楊絳心靈手巧，索性把「十字頭」剃成個光頭。

她自己也被剃光了半個頭，成了「陰陽頭」。錢鍾書比她還著急：這可怎麼出門啊，總不能也剃個光頭吧。楊絳安慰他說不要緊，她素來有急智，這時靈機一動，想起女兒曾剪下兩條大辮子，便找了出來，用錢鍾書的壓髮帽做底，解開辮子，把頭髮一小股一小股縫上去。足足費了一夜工夫，她做成了一頂簡易的假髮，第二天就戴著出了門。假髮戴著不透風，髮色也有些發黃，可總算聊勝於無。

現在的人說起楊絳來，愛用優雅、知性等詞語來形容她，誰又能夠想到，這位優雅的女子也曾被迫掃過女廁所、剃過陰陽頭呢！

可是那又怎麼樣？她掃女廁所，就會將廁所打掃得一塵不染；她被剃了「陰陽頭」，就自己動手做頂假髮。那是一個知識份子尊嚴掃地的時代，她卻盡其所能，儘量維持著不多的體面。有「文革」中見過她的老人回憶說，那個時候的楊絳，出門時還是打扮得端端正正的，嘴上還抹著口紅呢。周圍的世界越灰暗，就襯托得她唇上那一抹口紅越發鮮亮動人。

外文所的後輩朱虹回憶說，楊絳先生即使在那種情況下，氣質也很端莊，朱虹用「漂亮」來形容楊先生：她的那種漂亮，是整個詩書氣蘊的外在顯示，「不用說幹校階段了，她始終收拾得乾乾淨淨的，見到我們，拿把糖過來，讓我們補身體；不管多髒多累，始終不像我們，拿著髒手就抓饅頭，她天生有種大家氣派——百歲了還這樣。」

溫潤是楊絳性格的底色，可要誤以為她是個「麵人兒」，那就大錯特錯了。「文革」中，錢鍾書在中國社科院文學所被貼了大字報，楊絳就在下邊一角貼了張小字報澄清辯誣，群眾想壓服她認錯，她卻拒不「認罪」。

群眾問她：「給錢鍾書通風報信的是誰？」

她答：「是我。」

群眾又問：「打手電貼小字報的是誰？」

她答：「還是我。提供線索，讓同志們調查澄清。」

如此不服管教，惹怒了群眾，臺下一片厲喝：「誰是你的同志？」楊絳不服氣，乾脆就稱「你們」，還跺著腳據理力爭：「就是不符合事實！就是不符合事實！」

革命群眾豈是好惹的，於是懲罰她遊街示眾。遞給她一面鑼，一根棒，要她走幾步就敲一下鑼，並喊一聲：「我是資產階級知識份子。」

試想一下，一個知識份子女性，經受這樣的折辱，哪裡受得了。但作為當事人的楊絳卻並不羞愧，她覺得自己沒什麼丟臉的。遊街的時候，她學孫悟空讓「元神」跳在半空中，觀看著自己那副怪模樣，背後還跟著一隊戴高帽子的「牛鬼蛇神」，既滑稽又精彩。

這一幕被很多人認為展現了她性格中「金剛怒目」的一面，可楊絳秉性溫厚，即使在「怒目」時，也保持著難得的幽默感。多年後，她在文章中寫道：「我心想，你們能逼我『遊街』，卻不能叫我屈服。我忍不住要模仿桑丘・潘沙的口吻說：『我雖然遊街出醜，我仍然是個有體面的人！』」

她當然是個有體面的人，外在的體面來自內心的篤定。她這輩子，從來沒有失去過自己的底線，一直在小心翼翼地維護著自己的尊嚴。三反、反右、文革……每一次，她都拿出了當年「不暈船」的做法，不管風吹浪打，我自巋然不動，隨遇而安。

這件事讓人們對楊絳的認識更加深了一層，她在外文所有個徒弟叫董衡巽，他用一句話概括了楊絳的個性：「楊先生這個人，沒事，絕不去惹事；有事，也絕不怕事。」

絕大多數時候，楊絳採取的方式並不激烈，而是溫和而富有智慧的。上臺受批鬥時，她特意把戴著的高帽子壓得低一點，這樣就能一邊挨批，一邊睡覺。她的譯作《堂吉訶德》被沒收後，她也並不當面和革命小將們起衝突，而是激起他們的同情心，以保護自己的譯著。

動亂中多少家庭破裂，但他們一家的感情卻更融洽了。楊絳和錢鍾書總是一同上班，一同下班，走在路上肩並肩，手挽手，被譽為模範夫妻。錢瑗也是個好孩子，堅絕不肯和父母劃清界限，並且想盡一切辦法維護著雙親。

苦難是可以孕育出芬芳的，陳丹燕在《上海的金枝玉葉》中就用「敲開的胡桃」作比喻，胡桃被強力敲開時的慘烈，和敲開後散發出來的芳香是同時存在的，如果書中的戴西不曾遇到這樣的人生，人們也就無法體會她性格裡的堅強和醇美。

胡桃的比喻雖然華美，但未免有些慘烈，用水來形容楊絳似乎更為恰當。她常常說自己是一滴清水，但我們說更像一泓清溪，清澈、澄淨，善利萬物而不爭；水看似明淨，卻能消融一切汙垢，看似柔弱，卻能磨穿最堅硬的石頭。清溪流過山林，流過塵世，它流動的姿態不斷在變化，卻始終沒有改變去往的方向。

濁世滔滔，清溪在走完它的旅程後，依舊潔淨如初，一如歷經磨難後的楊絳。

卑微是最好的隱身衣

給你一件仙家法寶，你想要什麼？

楊絳和錢鍾書夫婦都要隱身衣，各披一件，到處閱歷。

在〈隱身衣〉這篇文章中，楊絳說其實卑微就是最好的隱身衣，身處卑微，人家就對你視而不見，見而不睹。消失於眾人之中，如水珠包孕於海水之內，如細小的野花隱藏在草叢裡，不求「勿忘我」，不求「賽牡丹」，得其所哉。

這並不是她在空口說大話，而是經過實際經歷所得到的體會。

「文革」中，一切都顛倒了。在中國傳統社會裡一向受人尊敬的知識份子成了「臭老九」，很多人難以忍受這種落差，運動才剛剛開始，和錢楊夫婦一貫交好的傅雷夫婦就雙雙自殺了。

楊絳對境遇沒那麼敏感，淡然地說「我是一個零」，覺得「顛倒了」也有「顛倒」的好處。她一直想要一件隱身衣而不得，等到地位急劇下降，就自然而然地披上了隱身衣，周圍的人哪怕看見了她，有時也裝作沒看見。

比如說讓她去打掃廁所，她卻發現「收拾廁所有意想不到的好處」：其一，可以躲避紅衛兵的盤查，見到紅衛兵來了，就能躲入女廁所；其二，可以銷毀興許會帶來麻煩的字紙書信；其三，好處最妙，可以享到向所未識的自由。楊絳自詡是從舊社會過來的老人，習慣了「多禮」，自從做了掃廁所的，就不妨放肆些，看見不喜歡的人乾脆呆著臉理都不理，甚至瞪著眼睛看人。她風趣地形容說：「絕沒有誰會責備我目中無人，因為我自己早已不是人了。」

魯迅先生曾有「躲進小樓成一統」的詩句，對於楊絳來說，被她打掃得乾乾淨淨的廁所，也可以暫時充當休息室和避難所。她還隨身攜帶一些詩詞卡片，當廁所裡沒有人的時候，就可以拿出來默誦。

那個年代，對愛書如命的錢楊夫婦來說，最大的苦惱怕是沒什麼書可讀吧。那時大部分書都成了禁書，要膽子很大的人才敢偷偷藏起來看。錢鍾書下鄉時，甚至連隨身攜帶的字典都拿出來讀。

無書可讀，怎麼辦？楊絳覺得不要緊，因為不能讀書的話，至少還可以讀人。「顛倒」過來，正好可以看到世態人情的真相，慣於作假的人，這個時候常常會卸下面具。她認為，世態人情，比明月清風更饒有滋味：可作書讀，可當戲看。

知識份子本是受人尊重的，但在那個年代裡領會到的卻多半是敵意和白眼。楊絳住的院子裡，有一位極「左」大娘，她是一位老革命職工的家屬，於是便以「牛鬼蛇神」的批判者自居。在她的指使下，革命小將們拿著束腰的皮帶往院裡的知識份子身上猛抽，給錢鍾書的背上抹鼻涕、唾沫和糨糊，楊絳的頭髮也被剪去了一截。然後又勒令他們脫去鞋襪，繞著院子跑圈兒，以目睹他們的怪相為樂。

同院中有個大姑娘拿一根楊柳枝作鞭子，狠狠地抽打楊絳的後背，抽得她肩背上火辣辣地痛，她忍不住回頭對那姑娘說：「你爸爸也是我們一樣的人。」那姑娘趾高氣揚地喝道：「他和你們不一樣！」刷地又是一鞭子。楊絳後來才知道，原來她爸爸投靠了什麼有權力的人。

別說大人了，連小孩子都受影響，對他們這些「牛鬼蛇神」充滿鄙視。有一次，他們搬運了一大堆煤塊，兌上水做成小方煤塊，楊絳逗旁邊觀看的小女孩說：「瞧，我們做巧克力糖呢，你吃不吃？」那小女孩樂得大笑，可很快就被大人拉走了。過了兩天，那小女孩得知楊絳是掃廁所的，從此便再也不願意和楊絳打交道了。

當身處卑微的時候，楊絳可以說是飽經憂患，也見到了世態炎涼。可他們夫婦常把「顛倒了」的感受，當作品酒般淺斟細酌，慢慢品嘗。這酒雖不好喝，卻也別有滋味。楊絳說：「我不能像莎士比亞《暴風雨》裡的米蘭達，驚呼人類多美呀。啊，美麗的新世界……我卻見到了好個新奇的世界。」

當然，再黑暗的時代，也總有人性的微光在閃爍。楊絳是人道主義者，她深信每個人身上都有寶貴的人性，人道主義永遠是人間溫暖的主義，所以她總能在黑暗中看到光明，在勢利和冷漠中體味到人情的溫暖。

楊絳那時交檢討上去，得到的批語是「你這隻披著羊皮的狼」。結果她經過觀察發現，那位寫批語的監管員面目和善，天性其實並不壞，所以她偷偷給他取了個綽號叫「披著狼皮的羊」。有次她身體不舒服，向那位監管員請假去看病，他並不盤問她是看什麼病，很和善地點頭答應了。其實她並未生病，只是有些勞累，藉生病為由在家休息。還有一次，她家的煤爐壞了，說要請假去修理，他也一口答應了。

楊絳漸漸發現，那些負責來監管他們的年輕人，差不多個個都是「披著狼皮的羊」，並未喪失掉善良的本性。一句小聲的問候，一個善意的「鬼臉」，以及同情的眼神、寬鬆的管教、委婉的措辭、含蓄的批語，都會給她以驚喜。

有次她手指上紮了個刺，一位監管的女同志聽了馬上很盡心地找了一枚針，耐心地幫她把刺挑了出來。還有一次，她被安排做三百塊磚，她暗自發愁，只得向監管的小將求助說：「咱倆換工，你給我做三百塊磚，我給你打一套毛衣。」那監管員笑眯眯地答應了，但卻說她年紀大了，不肯要她打毛衣。

在「文革」中，楊絳和錢鍾書都已經是六十來歲的老人，監管他們的年輕人體恤他們年老體弱，偷偷給予他們不少照顧。楊絳被分配到田間去鋤草，和她同隊的農村年輕人一人至少鋤六行草，他們一陣風似的往前鋤，並特意留幾根「毛毛」給她鋤，以幫助她完成任務。錢鍾書生活自理能力差，他被下放到幹校時，把熱水瓶給砸了，一個年輕人特地來找楊絳，自願為「錢先生」捎熱水瓶和其他東西。那年輕人還曾為錢鍾書改善伙食，做了蔥燒鯽魚和油爆蝦。

後來，楊絳每每想到這些年輕人的情誼，心裡就暖融融的，充滿了感激。

身為人道主義者的楊絳，即使是在自身難保的艱難處境下，也時刻不忘體恤他人、關心他人，只要力所能及，她總是會給予身邊人無私的幫助。

初到河南息縣的幹校，她和同伴們分到了一間六面泥房，最靠裡的一角陰暗潮濕，同來的人說：「誰住這裡，一定得病。」讓楊絳挑的時候，她就挑了那個暗角。年輕的同伴都不敢置信，楊絳則說：「我已六十歲，來日無多了，有病也無妨。你們正年輕呢。」

那時候外文所裡的晚輩工資不高，每月五十六塊錢。逢年過節或是家有急難，楊絳就給他們一些資助。一次，所裡的朱虹和柳鳴九要送孩子回老家，因為沒錢而犯愁，楊絳知道了，立刻送了三百塊錢過去。每到春節、五一、十一，三個大節日，楊絳就要給好幾家送錢。

她在幹校的時候，口袋裡總是裝滿錢鍾書送給她的奶糖，見了同來下放的同事們，就一人發四塊或者六塊，為此還挨了連長不點名的批評，說她是人道主義者，這人塞幾塊（糖），那人塞幾塊。在物質貧乏的年代裡，那幾塊糖雖然微不足道，但也一定給人帶去過值得回味的甘甜吧。

同事中有個年輕人叫鄭士生，不堪折磨，想到了自殺，可想著還欠楊絳七十五元錢，便把自己五十元的存摺和二十五元錢塞進楊絳辦公桌的抽屜裡，準備離開人世。楊絳發現後，趕緊把存摺和現金送還給他，還附有一張字條：「來日方長，要保重身體；要耐心，冷靜，堅強。這個錢我不需要，你給自己買點生活必需品吧。」正是這張字條，給了鄭士生勇氣，他終於打消了自殺的念頭，後來還成了著名的莎士比亞研究專家。

對於曾經批鬥過自己的年輕人，楊絳也不計前嫌。有個「整」過她的年輕人家裡困難，全家都陷入了絕境，是楊絳及時伸出了援助之手，幫助他渡過了難關。有人批評她是「糊塗好心人」，她卻只是淡然一笑，並不解釋。

即使在最不堪回首的歲月裡，楊絳身上也始終充盈著一股向上之氣。數十年以後，當她步入一百歲的時候，記者問她：「您身上的向上之氣來自哪裡？」她回答說：「我的向上之氣來自信仰，對文化的信仰，對人性的信賴。總之，有信念，就像老百姓說的，有念想。」

她在回顧這段歲月時說：「文化大革命中，支撐我驅散恐懼，度過憂患痛苦的，仍是對文化的信仰，它使我得以面對焚書坑儒悲劇的不時發生，忍受抄家、批鬥、羞辱、剃陰陽頭……種種對精神和身體的折磨。我絕對不相信，我們傳承幾千年的寶貴文化會被暴力全部摧毀於一旦，我們這個曾創造如此燦爛文化的優秀民族，會泯滅人性，就此沉淪。」

十年動亂中，楊絳失去了多位親人，包括她最疼愛的小妹妹楊必，還有女婿王德一等人，可她卻始終堅信人性不會泯滅，烏雲也不可能永遠佔領天空。她把那動盪不安的歲月比喻成大片烏雲，並把同遭劫難的人們之間滋生的一點同情和友愛，比喻為烏雲的金邊。回顧往事，她說：「烏雲蔽天的歲月是不堪回首的，可是停留在我記憶裡不易磨滅的，倒是那一道含蘊著光和熱的金邊。」

對於很多受過她幫助，讀過她文章的人來說，溫柔如熙的她，又何嘗不是一道含蘊著光和熱的金邊。正是有這道金邊的存在，我們才在這喧囂世界擁有了一點溫潤的慰藉，才會在歷盡苦難之後，仍然對生活充滿信心。

《堂吉訶德》歷險記

一九六六年八月二十七日，在楊絳生命中稱得上磨難頗多的一天。早上，她翻譯的《堂吉訶德》手稿被當成「黑稿子」沒收了，晚上，她又被剃了「陰陽頭」。

翻譯和創作是楊絳文學成就的兩翼，這部為她博得盛名的《堂吉訶德》，從翻譯到出版幾經波折，還差點在動盪中毀於一旦。

翻譯是件很苦的差事，楊絳稱之為「一僕二主」。譯者同時得伺候兩個主子，一個主子是原文，另一個主子是譯文的本國讀者。譯者得力求原文的一句句、一字字都要依順，又得考慮到本國讀者的閱讀習慣。她本來是有志於創作的，只是在風聲鶴唳的年代中，寫原創的文章難免會被批判，於是索性遁入了翻譯之中。

在如何翻譯方面，楊絳常常和翻譯大家傅雷交流。一九六三年，她在赴上海出差時還特意去探望了傅雷夫婦，交流了一些翻譯上的問題。她最討厭翻譯「洋名字」，佶屈聱牙，曾想大膽創新，把洋名全部中國化。她向傅雷提起這個想法，傅雷搖頭說「不行」，可惜並沒有細說究竟為何不行。她想著來日方長，以後再慢慢請教。誰知後來她再也沒機會見到傅雷（傅於一九六六年自殺），因此深以為憾。

在翻譯《堂吉訶德》之前，楊絳在翻譯界已經算是赫赫有名了，繼流浪漢小說《小癩子》之後，她翻譯的《吉爾・布拉斯》於一九五六年出版，很受讀者歡迎。有個廣為流傳的軼事說，朱光潛特別欣賞楊絳的翻譯成就。有一次，學生問他：「全中國翻譯誰最好？」他回答說，這個問題可以分三個方面，翻譯包括散文（小說）翻譯、詩歌翻譯和理論翻譯。學生又追問：「那麼散文翻譯誰最好？」朱光潛毫不猶豫地回答說：「楊絳最好。」

當時的中宣部副部長林默涵，因讀過楊絳先生翻譯的法國文學名著《吉爾・布拉斯》，對其譯筆大為讚賞，遂決定請楊絳重譯《堂吉訶德》，並告訴她從哪種文字轉譯都可以。

楊絳對這部小說特別喜愛，於是接下了這個任務。在她看來：「堂吉訶德是徹頭徹尾的理想主義者，眼前的東西他看不見，明明是風車的翅膀，他看見的卻是巨人的胳膊。他一個瘦弱老頭兒，當然不是敵手，但他竟有膽量和巨人較量，就非常了不起了。」

楊絳翻譯外國小說，講究從原文譯起，認為如果不是這樣的話，難免會失去不少原文的精髓。她找了五種《堂吉訶德》的英法文譯本細細對比，覺得五種譯本各有所長和欠缺，均不足以代表原作。要想忠於原作，必須從原文翻譯。

於是，從一九五八年開始，楊絳決定「偷空學西班牙語」，她精通多種語言，除了英文，其他都是自學的。可這時她已經四十八歲了，在語言學習上算是相當高齡了，學起來沒那麼容易。不間斷地學習了幾年之後，直到一九六二年，她已經能讀懂西班牙語小說中比較艱深的作品，這時才決定著手翻譯《堂吉訶德》。

譯前，她心裡沒底，便問錢鍾書：「我讀西班牙文，口音不準，也不會說，我能翻譯西班牙文嗎？」錢鍾書回答說：「翻譯咱們中國經典的譯者，能說中國話嗎？」她聽了這話安下心來，決定動筆翻譯。

楊絳做事，喜歡事先計畫得井井有條，務求留有餘裕。她決定翻譯《堂吉訶德》後，就定了一個計畫表，力求按照計畫推進。很多人翻譯外國小說喜歡照原文直譯，她考慮到中國人獨有的審美，一般會意譯過來，這相當於再加工，無形中加重了工作量，所以譯起來很慢，一天大概只能譯五百字。好在她日日都不間斷，到了「文革」開始時，這個大部頭的著作已經譯了近四分之三。

那時候運動已漸入高潮，一天到晚有數不清的學習會、討論會、報告會。楊絳為翻譯這部書稿，只得利用起一點一滴的時間。《堂吉訶德》的初次譯稿，就是這樣涓涓滴滴彙聚而成的。

她在翻譯的時候，很少逐字逐句地翻，而是將幾個甚至整段文字拆散，然後根據原文的精神，按照漢語的習慣重新加以組織。不管是在選字還是造句方面，都字斟句酌，力求做到

「信」「達」「雅」。有時，為了一個詞語，她能思索好久，比如說原作中有個詞意譯過來是「焦黃臉兒」，她一直想弄明白是何寓意，謎底等到很久後她訪問西班牙時才被揭開。

關於什麼才是好的翻譯，楊絳的觀點是用上最恰當的字，文章就雅。她認為，翻譯確應追求這麼一個標準：不僅能「信」能「達」，還要「信」得貼切，「達」得恰當——稱為「雅」也可。

就在一九六六年，革命小將對她下了一道命令：「把你的黑稿子都交出來！」楊絳無奈，心想如果不交的話，也會在「抄家」時抄出來，於是老老實實地交了出來，並聲明譯稿只此一份，沒留底稿，還試探著對小將們說：「不知這部稿子是否是黑稿子？」一位小將一言不發，把稿子沒收了。

因為一心撲在翻譯工作上，她在筆記本上一不小心將「四個大躍進」寫成了「四個大妖精」。筆記本被收了上去，這下可捅了馬蜂窩，她認真地做了很多次檢討，寫了很多交代材料，才把這事說清楚。

關於此事，她在《丙午丁未年紀事》中風趣地寫道：「我變成『牛鬼蛇神』之後，革命群眾俘虜了我翻譯的《堂吉訶德》，並活捉了我筆下的『四個大妖精』。堂吉訶德是一位正派的好騎士，儘管做了俘虜，也絕不肯損害我。四個大妖精卻調皮搗蛋，造成了我的彌天大罪。不過仔細想來，妖精還是騎士招來的。」

《堂吉訶德》被「俘虜」後，楊絳時刻想著要如何才能把這位「騎士」解救出來。她知道以當時的形勢，只能智取，不能硬搶，於是便向沒收「黑稿子」的頭頭們求情，要求暫時發還書稿，好讓她按著「黑稿子」去檢查「黑思想」。頭頭們告訴她，沒收的稿子太多，她那份找不到了。

楊絳不甘心，藉打掃為由，自願在革命群眾的辦公室外面掃窗臺，好藉此尋找《堂吉訶德》譯稿的蹤跡。可是她把每間屋子都打掃了一遍，還是不見它的蹤影。

功夫不負有心人。一次，她和同伴們一起打掃儲藏室，在凌亂的廢紙堆裡發現了那包《堂吉訶德》的譯稿。稿子是她用牛皮紙精心包起來的，上面還寫著「堂吉訶德」四個紅彤彤的大字呢。

踏破鐵鞋無覓處，得來全不費工夫。她高興得忘了形，打算冒險把稿子偷走。不料同為「牛鬼蛇神」中的一個人大聲喝止：「楊季康，你要幹什麼？」監視的老幹部這才發現她的舉動。她有些委屈，也有些氣憤，說：「這是我的稿子！」那老幹部倒也沒為難她，只是不肯把稿子還給她，她只得把譯稿放在書櫃頂上，想再找個機會前來搭救。

為了拿回譯稿，楊絳再三請學習小組的組長向工人師傅請求發還譯稿，組長只是說：「那是你的事，你自己去問。」她就直接找工人師傅去問，問了三次，對方嘴裡答應了，實際上卻置之不理。還好在下放幹校之前，原先的組長祕書當了她所在組的學習組長，這位新組長仗義出手，親自找回稿子，抱給了她。

楊絳猶如找到了失散已久的孩子，非常珍重地把那堆譯稿抱回了家，後來憶及此事，她充滿感情地寫道：「落難的堂吉訶德居然碰到這樣一位扶危濟困的騎士！我的感激，遠遠超過了我對許多人、許多事的惱怒和失望。」

這就是楊絳，一位真正秉性寬厚的人，她總是放大他人的善意，對來自外界的敵意卻忽略不計。《堂吉訶德》譯稿失而復得，固然是碰到了一位拔刀相助的「騎士」，又何嘗不是因為她的鍥而不捨？她苦苦追尋譯稿蹤跡的經歷，簡直就是一幕和革命小將們鬥智鬥勇的好戲。

俗話說，大難不死，必有後福。《堂吉訶德》的譯稿經過了這番歷險，終於完璧歸趙。楊絳從幹校回來後，打算重新開始翻譯，但她覺得之前的文氣斷了，接不上了，於是毅然決定從頭翻起。這部七十二萬字的譯著，到一九七八年才成功面世，從翻譯到出版，竟經歷了整整二十年。《堂吉訶德》中文版是位好樣的「騎士」，為她贏得了巨大的聲名，這是後話了。

在賽凡提斯的原著中，堂吉訶德這個瘦弱的老頭兒，做了數十年的騎士夢，他寫下這個故事時，可能沒想到，在遙遠的中國也有這麼一個執拗的譯者，付出了難以計量的心血，只為把堂吉訶德這位騎士生動地再現於中國讀者的面前。

作為譯者，楊絳如此喜愛堂吉訶德，可能是因為，她自己骨子裡也是一位徹頭徹尾、不肯妥協的理想主義者。

下放到幹校，約會在菜園

一九六九年十一月三日，北方的天氣已經很冷了，楊絳站在學部門口等公共汽車，看見錢鍾書隨著人流出來並湊過來對她低聲說：「待會兒告訴你一件大事。」

楊絳心知不妙，兩人擠上公車後，他才告訴她，這個月十一日，他就要作為先遣隊去幹校了。

聽到這個消息，楊絳心中猛然一驚，過幾天是錢鍾書六十虛歲的生日，他們原本約好要一起吃頓長壽麵的。可是他走得這麼急，來不及為他慶祝了。

她不放心錢鍾書一個人下鄉，卻又無可奈何，只得精心為他打點行裝。她把箱子用粗繩子密密纏牢，防止在路上摔破或壓扁。又特意補了條褲子，將容易磨損的地方加厚，坐處經緯交錯、厚如龜殼。錢鍾書倒很欣賞，說像一個走到哪就帶到哪的墊子，可以隨處坐下。

錢鍾書走的那天，楊絳帶著女兒錢瑗、女婿德一到火車站，一起為他送行。她記得很清楚，先遣隊中還有俞平伯和俞師母，他們領隊當先。年逾七旬的老人還得像學齡兒童那樣排著隊伍，遠赴幹校上學，看著令人著實不忍。

錢鍾書下鄉後不久，幹校就搬到息縣。他和語言學家丁聲樹被分配去燒鍋爐，可是鍋爐設在露天裡，風雪交加中，他們半天也燒不開一鍋爐水，被人們戲稱為「錢半開」「丁半開」。旁人聽了，只覺得好笑，楊絳聽了，卻只感到心疼，還為丈夫辯護說是露天的鍋爐難燒。

楊絳留守北京的時候，發生了一件大事，他們的女婿王德一含冤自殺了。王德一和錢瑗是同事，兩人同在學校的美工隊，有著共同的繪畫愛好。當時同學們給美工隊的四員大將取綽號叫「妖魔鬼怪」，王德一因其名字中的「一」常被讀成「么」，因此成了領頭的「妖」，排行第四的錢瑗被稱為「怪」，他們結婚時，還被戲稱為「妖怪聯姻」。

王德一性格正直，他承認自己「偏右」一點，看不慣極「左」派。當時有人限制了他的自由，要脅他交出名單。他最後一次見楊絳時說：「我絕不能捏造個名單害人，我也不會撒謊。」一九七〇年七月，就在楊絳下放幹校前夕，不肯撒謊害人的王德一自盡了。女婿的死讓楊絳悲憤交加，後來在回憶此事時，她甚至不知道該如何用言語來形容，只是如實地描述：「上次送默存走，有我和阿圓還有德一。這次送我走，只剩了阿圓一人。」這樣不動聲色的描述中，卻蘊含著巨大的悲慟。

看見女兒踽踽獨歸的背影，楊絳心中悽楚，只得閉上眼睛，讓眼淚往裡流。

到了息縣，楊絳見到錢鍾書又黑又瘦，簡直換了個樣。他臉上長了個膿疽，需要熱敷，可這會兒哪有條件給他熱敷，那個疽後來穿孔了，打了幾針才痊癒。

在幹校，楊絳與錢鍾書各有所屬的組織，彼此間相去不過一小時的路程。他們不能隨便走動，但可以有書信來往，到休息日允許探親。比起獨在北京的女兒，他們總算同在一處了。

關於楊絳在幹校的經歷，和她一起下放，並有「聯床之誼」的張佩芬有著深刻的印象。在她看來，楊絳作為長輩，具有兩項難得的品質：一是善下之，抵達幹校那天，她們四個女同志被分在同一農家，四人中最年輕的那位搶先佔了門洞邊通風較好的位置，楊絳沒有反對，而是平靜地選了一個憋悶的角落。張佩芬受她的感召，也不再爭，一聲不響地和她聯了床；一是善利萬物，每當同伴們聽多了開會時的假話、空話，感到厭煩難忍時，楊絳就會輕聲敘說起兒時雙親、妹妹楊必、女兒錢瑗和丈夫錢鍾書的趣聞逸事，她平靜的敘說就像一支美麗的樂曲，飄散著撫慰人的樂音，幾個女伴聽了，心情頓時開朗起來。

幹校的日子自然是艱苦的，睡的是通鋪，飲食也很粗糙，還得時不時幹些體力活，可楊絳和錢鍾書這對飽經憂患的夫妻早已經學會了隨遇而安。

楊絳被分配看守菜園，錢鍾書則負責看守工具，兼做「信差」，這些都算是清閒的差事了。她看守的菜園離他住的宿舍只有十幾分鐘的路程，班長常派她去借工具，特意為這對老夫妻創造會面的機會，一夥人笑嘻嘻地看著她借了又還，多次往返。

錢鍾書為大家送信時，剛好會經過楊絳看守的菜園。所以他每次來的時候，他們能在田間壟頭相會，說上幾句話。天氣好的時候，還能夠一起坐著曬曬太陽。錢鍾書還是那麼愛寫信，有什麼想跟她說的話，就隨手寫在信紙上，等見面時再給她。同伴們都覺得很有趣，楊絳的女伴阿香一見錢鍾書來了，就會推她說：「瞧！瞧！誰來了！」

短暫的相晤，已經令楊絳感到心滿意足，她記錄這段往事時說：「這樣，我們老夫婦就經常可在菜園相會，遠勝於舊小說、戲劇裡後花園私相約會的情人了。」

和她一起睡通鋪的張佩芬有時會給她一些上好的奶糖，她就揣在兜裡，留著等見到錢鍾書時再塞給他。他很珍惜這難得的禮物，總是剝去糖紙塞進嘴裡，現出一臉燦爛的笑容。

菜園班一位姓區的詩人從磚窯裡抱回一隻小黃狗，民間常把姓氏的「區」讀為「趨」，同伴們就把小狗叫作「小趨」。小趨是隻通人性的狗，為大家單調無聊的幹校生活帶來了一些歡樂。

錢鍾書很喜歡這隻小黃狗，每次來到菜園時，總帶些骨頭之類的餵牠。久而久之，小趨一見他來就會迎上前去，跳呀、蹦呀、叫呀、拼命搖尾巴呀，他簡直一輩子也沒受到過這麼熱烈的歡迎。楊絳去錢鍾書的宿舍時，小趨總是偷偷地遠遠地跟在後面，她喝止牠，牠就站著不動，等她到了時，牠也蹦蹦跳跳地從後面跑了出去。

小趨和楊絳感情很深，後來幹校遷了地址，小趨也跑到新址去了，還找到了她住的房間。她晚上回屋，旁人常常說：「你們的小趨來找過你幾遍了。」楊絳表面待牠淡淡的，卻願意把自己的飯食分給牠吃。直到離開幹校之後，他們夫婦還一直牽掛著這隻小黃狗，後悔沒有違反規定將牠私自帶走。

楊絳在幹校也有過心悸的經歷。有一次，她晚上睡覺沒開燈，突然聽見貓在叫，打開手電筒一照，被子上赫然躺著一隻血肉模糊的老鼠，邊上還有一堆粉紅色的內臟，她嚇得戰戰兢兢，趕緊拎起床單把死鼠倒在垃圾堆上。第二天清早就起來洗床單，水汲了一桶又一桶，洗了又洗，那血跡好像永遠也洗不掉。

驚魂甫定，第二天她就不乏幽默地對錢鍾書說：「貓兒以『腐鼠』餉我。」錢鍾書笑著安慰她說：「這是個好兆頭，說明你很快就要離開此處了。死鼠內臟和身軀分成兩堆，離也；鼠者，處也。」

楊絳聽了開懷大笑，這是一對善於苦中作樂的夫妻，他們總是用戲謔來消解沉重的苦難。

也許這確實是個吉兆，到了年底，有人對錢鍾書透露說，幹校將會遣送一批「老弱病殘」回京，名單上就有他。楊絳聽了喜出望外，暗自盤算如何為他收拾行李。沒想到數日之後，名單公布了，上面卻沒有他。

楊絳比錢鍾書還要失望，她心想這回可能走不成了，便指著窩棚對錢鍾書說：「給咱們這樣一個棚，咱們就住下，行嗎？」

錢鍾書思索片刻後搖了搖頭說：「沒有書。」

是啊，什麼艱苦他們都可以克服，沒有書卻不好過日子。縱是如此，他們也不後悔當初選擇留在了祖國。既然早已做出了選擇，如今也就不再抱怨。

好在幹校很快遷往了明港，女兒錢瑗不斷寄來各種外文報刊。據和錢鍾書同住的人回憶，當時他的床上堆滿了英文、法文、義大利文等各種語言的雜誌，有空時就可以偷偷閱讀。和楊絳的宿舍之間來往只需五六分鐘，他們終於可以每天黃昏一同散步，勝於菜園相會。他們還學頑童逃了一天的學，到附近的勝地遊覽，風景如何他們早已不記得了，只記得那天非常快活。

等到一九七二年三月，這一年的「老弱病殘」名單上，終於出現了錢鍾書和楊絳的名字。這時候，他們的心情已經十分平靜，不再像上一年那樣激動不安。

談到這種心境的變化，楊絳在《幹校六記》中寫了一句富有哲理意味的話：「據說，希望的事，遲早會實現，但實現的希望，總是變了味的。」

但無論如何，能夠重返北京，和女兒團聚，總還是值得慶幸的。經過這一番鍛煉，楊絳對苦難和人生的關係，也有了更深刻的認識。她認為，人是需要鍛煉的，如要鍛煉一個能做大事的人，必定要叫他吃苦受累，百不稱心，才能養成堅忍的性格。她在《我們仨》中寫道：「我覺得在艱難憂患中最能依恃的品質，是肯吃苦。因為艱苦孕育智慧；沒有經過艱難困苦，不知道人生的道路多麼坎坷。有了親身經驗，才能變得聰明能幹。」

七十五歲寫《洗澡》

適度的苦難對於文人的創作是有益的，一個出色的寫作者總是能將苦難咽下去消化掉，分解成寫作的素材。正如蚌病成珠，寫作者奉獻出的，則是一部部凝結著心血的作品。所以杜斯妥也夫斯基曾說：「我只擔心一件事，就是怕我配不上我所受的苦難。」

《幹校六記》和《洗澡》，就是那場劫難給楊絳留下的珍珠，淡淡的筆墨下卻埋藏著很深的隱痛。

和張愛玲、蕭紅等早慧的天才型作家不同，楊絳步入文壇雖早，成名卻晚。她真正的代表作，都是晚年才寫出來的。天才型作家往往一出手就驚才絕豔，而大器晚成的作家文風則偏於平淡。這種平淡，不是白開水式的一覽無餘，而是外枯而中膏，似淡而實美。這類作家也許稟賦並不特別出眾，但所寫作品和年輕人的少作相比有閱歷、有底蘊，最重要的是有一種從容在裡面，娓娓道來，引人入勝。

楊絳晚年的作品，就是這種從絢爛至極歸於平淡的風格。有些人認為作家能寫出傳世之作純粹靠天賦，而縱觀楊絳的創作歷程，就會發現她能寫出好的作品，離不開她一直強調的「修煉」。她大部分的作品是在七十歲以後創作的，堪稱「庾信文章老更成」的典範。

吳學昭曾經問她，最滿意的作品有哪些。她說：「我沒有滿意的作品。較好的是《幹校六記》和《洗澡》。」可見她自己對這兩部作品也較為看重。

《幹校六記》寫於一九八〇年，那時她已從幹校回來八年了。在這期間，她一直想寫在幹校的經歷，重讀了沈復的《浮生六記》後，才決心仿照此書的體裁，寫成《幹校六記》。她自信這部作品的水準必將超過以前所作的零散文章，動筆前還興沖沖地告訴錢鍾書，不料他卻潑了冷水：「寫什麼《六記》！」因為他本身是不大喜歡《浮生六記》這部書的。

楊絳還是照自己的想法寫了出來，全書分為「下放記別」「鑿井記勞」「學圃記閑」「小趨記情」「冒險記事」「誤傳記妄」六個部分，通篇多用白描，平實地描寫了她和錢鍾書下放到幹校的那段生活經歷。

廣東有句方言「講古」，和講故事的意思有點類似，但多了一層追憶往事的意味。看楊絳的書，就像在聽一個老年人「講古」，舊日往事、日常瑣聞一一道來，語氣是親切的，情感是克制的，底色仍然像她往日的作品一樣是溫潤明朗的，但不可避免地染上了一層「白頭宮女在，閑坐說玄宗」的滄桑與感傷。

有句話說文如其人，楊絳寫的文章和她的為人一樣溫柔敦厚。她寫的《幹校六記》，無一句呼天搶地的控訴，無一絲陰鬱深重的怨恨。胡喬木評價說：「怨而不怒，哀而不傷，纏綿悱惻，句句真話。」

有人說楊絳一輩子這也忍那也忍，她回答說，含忍無非是為了內心的自由和平靜。在她看來，含忍和自由是辯證的統一。含忍是為了自由，要求自由得要學會含忍。這樣的理念，也體現在她的作品中。讀她的文章，我們分明可以感受到，不管在何種境地下，她的內心從未被禁錮。

《幹校六記》寫完後，她拿給錢鍾書過目，他看了後，不聲不響地寫了個「小引」。在「小引」中，他一針見血地指出，覺得楊絳漏寫了一篇，篇名不妨暫定為「運動記愧」。他認為，在這次運動裡，至少有三種人應該感到慚愧：一種是糊塗蟲，一味跟著大夥兒去糟蹋一些好人；一種是心裡明知道不應該這樣做，卻依然充當旗手、鼓手、打手；還有一種是懦怯鬼，覺得這裡面有冤屈，卻沒有膽氣出頭抗議，頂多只能消極逃避。他自嘲說，自己就是懦怯鬼之一。

很多人都說錢鍾書驕傲自大，但從這篇「小引」來看，他其實是相當富有自省精神的。如果讓錢鍾書來寫這個題材，犀利如他，可能會寫出完全不一樣的風格來。

《幹校六記》先是在香港出版，後來才輾轉在中國大陸出版。書出版後，只能放在櫃檯底下賣，饒是如此，也在讀書界引起了熱烈反響。

繼《幹校六記》之後，楊絳又寫了長篇小說《洗澡》。《洗澡》於一九八六年四月開始動筆，這時，她已經是七十五歲高齡的老人了。她自謙道：「《洗澡》是我的試作，我想試試自己能不能寫小說。」她寫戲劇、小說、散文，都說是試試看，這一試，竟試出了不少精品。

當年，錢鍾書寫《圍城》時，楊絳是第一讀者；現在，楊絳寫《洗澡》時，換了他做第一讀者。她每寫完一章，他就讀一章，讀完「遊山」那一章，他對她說：「你能寫小說。你能無中生有。」

《洗澡》是楊絳唯一的一部長篇小說，說到為什麼叫這個書名，她在前言中解釋說：這部小說寫解放後知識份子第一次經受的思想改造——當時泛稱三反，又有「脫褲子」的說法，因此統一改稱「洗澡」，相當於西洋人所謂「洗腦筋」。

錢鍾書寫《圍城》時，男主人公方鴻漸對妻子孫柔嘉並不欣賞，真正愛慕的是唐曉芙。巧的是，《洗澡》中的男主角許彥成對妻子杜麗琳也並不喜愛，杜麗琳雖是「標準美人」，但一身俗骨，和許顯然並不是一類人。所以後來許彥成遇到好學深思的少女姚宓時，頓時覺得前所未有地傾慕，兩人志趣相投，卻不願意落入俗套，約定好只做精神上的好朋友，絕不越軌。

《洗澡》說的當然不僅僅是一個愛情故事，而是以此為主線，串聯起一群知識份子經受改造的經歷。故事分為三部分，分別構成了「洗澡」的前奏、過程，以及「洗」後的結果。

第一部分名為「采葑采菲」，語出《詩經》「采葑采菲，無以下體」，比喻新中國不拘一格「採集」人才。一群形形色色的知識份子通過各種管道被吸收進文學所內，有的品行端莊，如許彥成、姚宓；有的則是徒有其名、品德敗壞之流，如文章一開頭的余楠，對妻子吝嗇得一毛不拔，滿肚子都是下流的思想。這樣的人，自然是需要「洗腦袋」的。

第二部分名為「如匪浣衣」，同樣語出《詩經》「心之憂矣，如匪浣衣」，比喻文學所裡不少知識份子的思想像沒有清洗的髒衣服那樣沾滿汙垢，亟須清洗。

第三部分名為「滄浪之水清兮」，比喻每個人的思想境界不一樣，有的自願接受了改造，如許彥成等；有的則只是洗去了表面的汙垢，內心仍是骯髒不堪的。

楊絳說，小說裡的機構和地名純屬虛構，人物和情節卻據實捏塑。她掇拾了慣見的嘴臉、皮毛、爪牙、鬚髮，以及尾巴，但絕不擅用「只此一家，嚴防頂替」的貨色。

儘管她已作聲明，但還是有火眼金睛者一眼看出，姚宓的經歷，很有可能就是楊絳的「假設性」自傳。研究者胡河清就撰文指出：「楊絳在《洗澡》中對姚宓雙親的籍貫提及不多，但看姚宓的氣質，卻既有京都才女的淳厚蘊藉，又有江南閨秀的冰雪聰明。南北之氣於此摶成一體，好比幽谷裡的蘭草，移到燕地群山中種下，開出的花兒不改資質的秀媚，而且又隱隱源出一種北國女俠的英氣。」

恰好楊絳也是由南入北，姚宓性格上的一些細節，比如說她愛和母親玩福爾摩斯，確實也是能看到楊絳的一些「皮毛」。至於許彥成，很多方面確實也具有錢鍾書的癡氣。當然，文學源於生活而高於生活，絕不能把書中的形象等同於生活中的人。

「洗澡」究竟有沒有達到預期的效果？楊絳在前言中開宗明義，指出：「假如說，人是有靈性、有良知的動物，那麼人生一世，無非是認識自己，洗煉自己，自覺自願地改造自己，除非甘心與禽獸無異，但是這又談何容易呢。這部小說裡，只有一兩人自覺自願地試圖超拔自己。」顯然，她認為人人都需洗煉，但需自覺自願，政治運動無補於事。

《洗澡》被很多人視為《圍城》的姊妹篇，兩者確實有相同之處：一是寫的都是知識份子題材，二是反諷和幽默的運用。但兩者也有明顯的不同，《圍城》中主人公突出，《洗澡》塑造的卻是群像；再者，楊絳筆調溫潤，文風不像錢鍾書那樣尖刻。

《洗澡》問世後，受到了廣大讀者尤其是知識份子的熱捧。胡喬木不止一次和楊絳談過《洗澡》，並點評說：「你寫的幾對夫妻身分都很合適。你是簡・奧斯丁派，不是哈代派。」

著名文學家、翻譯家施蟄存評價楊絳「自是語文高手」：「語文純潔，本來是讀者對作者，或作者對他的作品的最低要求。但近十年來，卻已成為最高要求，在一群三十歲左右的青年作家的作品中，要找一本像《洗澡》那樣語文流利純潔的作品恐怕很不容易了。」

施蟄存盛讚《洗澡》是「半部《紅樓夢》加上半部《儒林外史》」，並說「（楊絳）運用對話，與曹雪芹有異曲同工之妙」。

外文所的同事朱虹覺得，楊絳的文字，就是西方諺語裡所說的，「戴著絲綢手套的鐵手」。《洗澡》也好，《幹校六記》也好，都讓人驚訝地發現，原來對經歷過的磨難還可以寫得如此舉重若輕。楊絳的妙語和敦厚，讓她落筆時即使諷刺政治狂熱和人性殘酷，也從不失去幽默感和同情心。

如果沒有那場曠日持久的動亂，她可能就寫不出如此洞徹人心的作品來。從這個角度來說，她真是一丁點兒都沒有浪費掉自己所受的苦難。

第六章

劫餘記往

——我一個人思念我們仨

一個人經過不同程度的鍛煉，就獲得不同程度的修養，不同程度的效益。好比香料，搗得愈碎，磨得愈細，香得愈濃烈。

——楊絳，十年動亂後有感

暴風驟雨之後，楊絳一家終於迎來了久違的平靜，可惜很快就老病相催。錢鍾書和女兒阿圓相繼病倒，楊絳兩頭奔波，心力交瘁。是什麼支撐她走過來的？後來她自述道：「鍾書病中，我只求比他多活一年。照顧人，男不如女。我盡力保養自己，爭求『夫在先，妻在後』，錯了次序就糟糕了。」

她是他的守護神，守護了他一輩子。錢鍾書去世前一眼未闔，她附在他耳邊說：「放心吧，有我哪。」他終於安然而逝，留下她在世間打掃現場。在他去世後，她全身心整理他的文集，自己也相繼寫出了《我們仨》《洗澡之後》等作品。

在生命的最後二十年裡，她幾乎閉門謝客，隱身於一片喧鬧中，靜悄悄地影響著我們這個時代。在她百歲生日的時候，她寫下了這樣的感言：「我得洗淨這一百年沾染的汙穢回家。我心靜如水，我該平和地迎接每一天，準備回家。」

雙劍合璧，人書俱老

從幹校回京後，楊絳一家又共同度過了二十多年的歲月。這二十多年，是他們逐漸從老年步入垂暮，生命之火日漸萎謝的歷程；這二十多年，更是他們同心攜手，在文壇上大放異彩的時期。

胡河清讚歎：「錢鍾書、楊絳伉儷，可說是當代文學中的一雙名劍。錢鍾書如英氣流動之雄劍，常常出匣自鳴，語驚天下；楊絳則如青光含藏之雌劍，大智若愚，不顯刀刃。」寶劍鋒從磨礪出，這一雙「名劍」遍歷重重磨難，經過多年沉潛，終於在他們晚年的時候拔劍出鞘，名動天下。

一九七八年三月，楊絳翻譯的《堂吉訶德》出版；一九七九年八月，錢鍾書的《管錐編》出版。這兩本書都是他們住在學部一間小小的辦公室裡，爭分奪秒、不計辛苦地完成的。兩部著作一問世，就驚動了整個讀書界，人們都沒想到，在過去如此艱苦動盪的數年內，還有這樣一對夫妻，埋頭著書，貢獻出頗具分量的作品來。

漫漫長夜，他們是文化的薪火相傳者，他們的這種精神是黑暗中的光亮、寒夜裡的暖意。中華文化得以綿延數千年，正是靠著這樣的持火者。

《堂吉訶德》譯著完稿時，錢鍾書的《管錐編》恰好也校訂完畢，他提議和楊絳交換題簽，楊絳笑說：「我的字那麼糟，你不怕吃虧麼？」錢鍾書笑道：「留個紀念，好玩兒。」此後他們兩人的作品出版，都互相題簽。

錢鍾書和楊絳這時都成了舉足輕重的文學泰斗，在七八十年代間，常常隨代表團一起出訪海外。

一九七九年，錢鍾書隨代表團訪問哈佛大學，並作發言。他的發言精彩、幽默，而且好幾種語言輪番上陣，用了許多諧音、雙關的語言遊戲，以至於臺下的聽眾都聽呆了，沒有人能想到中國居然還有這樣的人物。有人評價說，錢鍾書就像是一瓶上好的陳年香檳，喝之前搖一搖，一打開瓶蓋就會迸射出來。

楊絳翻譯的《堂吉訶德》出版後，風行一時，至今暢銷逾七十萬冊。書剛出版後不久，西班牙國王一行訪華，正巧遇上北京書店門前讀者排隊購買《堂吉訶德》，大為詫異。一九七八年六月十五日，鄧小平為接待西班牙國王、王后舉行國宴，楊絳也受邀參加了。鄧小平將《堂吉訶德》中譯本作為國禮贈送給貴賓，並將楊絳介紹給對方。當賓客問起《堂吉訶德》是什麼時候翻譯的，楊絳不及細說，只好回答是今年出版的。

西班牙政府先後三次派大使請楊絳去西班牙訪問，到了第三次，楊絳覺得實在不好意思再推託了，才開口答應。錢鍾書頗為自豪地說：「三個大使才請動她！」

楊絳出訪西班牙，是帶著有關賽凡提斯和《堂吉訶德》的問題去的。她終於從當地導遊那裡知道，《堂吉訶德》中的「托斯達多」有吉卜賽人血統，面色像烤得乾脆焦黃的麵包乾，所以綽號「焦黃臉兒」。楊絳弄清了這個緣由，深覺不虛此行。

在賽凡提斯逝世三百六十六年的紀念大會上，西班牙駐華大使點名請楊絳發言，她略一思索，開口說：「我們中國人有句老話，『天上一日，人間一年』——就是說，天上的日子愉快，一眨眼就是一天，而人世艱苦，日子不那麼好過。我們一年有三百六十五天或三百六十六天，賽凡提斯離開我們人世，已三百六十六年，可是他在天上只過了三百六十六天，恰好整整一年。今天可以算是他逝世的『一周年』。」

這樣風趣幽默的開場白，自然惹得在場的人拍手大笑。大使覺得她說得有趣，上場前對她行的是握手禮，等她講完下場就變成了親昵的吻手禮。

一九八六年十月，西班牙駐華大使還代表國王和政府，授予楊絳「智慧國王阿方索十世大十字勳章」。也正是在二十世紀八〇年代，《圍城》大熱，這對夫妻的盛名一時達到了頂峰。連夏志清都說：「整個二十世紀，中國文學界再沒有一對像他倆這樣才華高而作品精，晚年同享盛名的幸福夫妻了。」

得享盛名，錢鍾書和楊絳卻和以前並沒有什麼兩樣。以前被批鬥時，他們並不絕望，現在名聲大振，也並不驕傲。世人常推崇寵辱不驚的境界，真正能做到的卻並不多，所以大家才敬佩錢楊夫婦。因為他們不為逆境所困，也不為名利所累，恰如一對笑傲江湖的文壇隱士。

楊絳最欣賞蘇東坡的詩句「萬人如海一身藏」，不管境遇如何變遷，他們的心願始終沒變：只求能隱身於人海之中，過上平靜的書齋生活，把時間花在讀書和寫作上。

名聲大了，他們反而為之苦惱，特別是錢鍾書，每天都收到數不清的讀者來信，深以為苦。老友宋淇勸他乾脆寫份「逐客書」，對外界一切要求均予以婉拒，由他來複印二百份。錢鍾書恐落人話柄，謝絕了他的好意。他把回信叫作「還債」，對每一封信都盡可能禮貌地答覆，可是有時候要還的「債」太多了，實在不堪重負。

登門拜訪他們的人也很多。一次，一位有名望的人去錢家拜年，錢鍾書只把門打開一道縫，來客剛剛說句「春節好」，錢鍾書連忙客氣地說：「謝謝，謝謝，我們很忙，謝謝！」熟悉他們的人，都知道二老惜時如金，不忍浪費他們的時間。畫家黃永玉和他們住得很近，有時會從湘西老家帶一些土特產送給他們，都是敲敲門便放下東西離開了。

此時，他們的居住條件比以前改善多了。一九七七年，他們結束了東奔西走的流浪生涯，搬進了三里河南沙溝一套四室一廳的房子。房子布置得很簡陋，牆是白灰刷的，地是水泥抹的，沒有任何豪華的裝飾。客廳與書房合二為一，滿室都是書香。牆上掛著清代金石學家吳大澂的一幅七言條聯，是用篆書寫的，上聯「二分流水三分竹」，下聯「九日春陰一日晴」，令室內頓生雅趣。

屋裡擺著一大一小兩張書桌，大的面西，是錢鍾書的；小的臨窗，是楊絳的。進了屋子的人難免詫異：「為什麼書桌一大一小呢？」楊絳笑道：「他的名氣大，當然用大的；我的名氣小，只好用小的！」這自然是開玩笑了，主要是因為錢鍾書要回覆的信件太多了，小的書桌根本放不下。

他們奔波了一輩子，老了終於有了個安定的家，三里河的居室裡，滿滿都是一家三口溫馨的回憶。

無人拜訪的日子裡，一家三口就像往常一樣，靜靜地守在一起讀書。錢瑗這時已經再婚了，可還是經常回爸媽身邊小住。他們一人佔據一張書桌，儘管身邊有錢鍾書這個「活百科全書」，楊絳和女兒遇到問題還是儘量自己查字典，不去打擾他。

生活安穩下來了，楊絳終於可以盡情地釋放創作的潛力，她的一系列作品，都是在這期間寫出來的。除了長篇小說《洗澡》、短篇小說集《倒影集》，她還創作了數十篇懷人記事的散文，〈回憶我的父親〉〈記楊必〉〈老王〉等名篇都作於此時，後來這些作品分別被收入《將飲茶》《雜憶與雜寫》等散文集中。她散文中所寫的，多是平常到極致的人和事，讀起來卻餘味悠長。

和許多著作等身的女作家相比，她寫的作品並不多，晚年編撰文集，更是把不滿意的作品全都刪去。她說她並不是專業作家，只是一個業餘作者，生平所作都是「隨遇而作」，其實，這份隨遇背後是慎終如始的堅持，她從未放棄過文學的夢想，一有機會，就會投入到創作中，所以才會有後來的「噴薄」。

書法中有「人書俱老」的說法，其實文學創作也是一樣，到了晚年，楊絳對漢語的運用已臻化境，學界認為，她的創作具有兩個鮮明的特點，一是對漢語文字的貢獻，二是突出了一個知識份子心靈的歷史再現。

楊絳最愛的文學體裁是小說，造詣最深的則是散文。女兒錢瑗評價說：「媽媽的散文像清茶，一道道加水，還是芳香沁人。爸爸的散文像咖啡加洋酒，濃烈、刺激，喝完就完了。」這可以說是一語中的。

連錢鍾書本人都說：「楊絳的散文是天生的好，沒人能學。」世人都說他狂妄，他卻對妻子甚是服膺。

生活上，楊絳仍然無微不至地照顧著丈夫。她是錢鍾書的理髮師，也是他的「健身教練」。她從鄰居鄒家華那學會了大雁功，回到家又教給錢鍾書，他笨手笨腳的，不像她那樣身手靈活，可還是很認真地跟著她練，每次練完，兩人都一身大汗。她還督促他整理著作，一九九四年，在楊絳的力促下，錢鍾書編定了自己的《槐聚詩存》，楊絳把全書謄完後，錢鍾書拉起妻子的手說：「你是最賢的妻，最才的女！」

錢鍾書則是她的書法老師，他對這位學生還挺嚴格，要求她每天都要交「作業」。楊絳交上來的大字，他一絲不苟地審批，覺得好就畫圈兒，不好就打個杠子。做學生的想多掙幾個圈兒，老師卻故意逗她生氣，刻意去找運筆差的地方打上杠子。俗話說「老小老小」，這兩位老人到了暮年，仍是童心未泯。

看楊絳在《我們仨》中描述他們的晚年生活，容易讓人想起電影《金色池塘》中的場景。對於熱愛生命的人來說，老去從來不是件可怕的事，就像錢鍾書和楊絳那樣，每日讀書寫作，相對忘憂，欣欣然不知老之將至矣。他們的暮年，如同夕陽反照下的金色池塘，蕩漾著瀲灩閃亮的生命之光。

痛失愛女圓圓

夕陽無限好，只是近黃昏。楊絳常打趣說，她和錢鍾書的身體就像「紅木傢俱」，表面上看起來結實，實際上是用膠水黏著的，一碰就散了架。

一九九四年七月三十日，正好是楊絳八十三歲的陰曆生日。那天晚上，錢鍾書卻發起了高燒，幸好錢瑗也在家，母女倆一同將他送進了醫院。

醫生先說是肺炎，後又檢查出患了膀胱癌，得動手術切除癌細胞，手術中併發腎功能衰竭，又被迫切除了一個腎。從此，錢鍾書開始了長達四年纏綿病榻的日子，再也沒回過三里河的家。

錢瑗工作忙，不能每天陪著媽媽同去醫院看望爸爸，每週只能去一兩次。女兒來的時候，錢鍾書最開心，他喜歡聽女兒說些家常的事。錢瑗一般比媽媽先走一個小時，如果哪天走得太早了，錢鍾書必定生氣地說：「沒到時間呢！」過了幾分鐘，才對女兒說：「走吧。」他不用看表，但是時間算得一點兒也不差，所以圓圓戲稱爸爸為「靈童」。楊絳眼見得丈夫一天比一天衰弱，心知只怕這次留不住他了，以後就只能和女兒相依為命了。

誰知不幸接踵而至。一九九五年春夏，錢瑗開始頻頻咳嗽，後來又發展為腰疼，她為節省時間，只去校醫院拿點藥吃，不肯聽媽媽的話去大醫院檢查。

錢瑗的病，在很多親友看來，是活生生累出來的。她在北師大任博士生導師，不但要教北師大的課，還在北大、北外兼課，還有各種名目繁多的社會工作，同事見她忙得像陀螺似的，就好意地提醒她說：「你這張弓綳得太緊會斷。」錢瑗聽了，無奈地笑笑，照樣忙碌。

她熱愛教育事業，一輩子都只想做個「教師尖兵」。在學校，她不僅上課認真負責，還關心學生們的生活，學生們都很愛戴她，有什麼心裡話總願意跟她說。她性格剛正，有一次為兄弟院校的同行評職稱，她在審查時發現交上來的論文涉嫌抄襲，就花了一晚上的工夫找到了被抄襲的原文作為證據，並提出了否定的意見。

從小到大，錢瑗都是爸爸媽媽的寶貝。她去國外交流時，老兩口牽掛得不得了，搶著讀她寄回來的家書。提起這個女兒，錢鍾書總是自豪地誇她：「愛教書，像爺爺；剛直，像外公！」

到了一九九六年年一月的時候，錢瑗的腰疼加劇了。有一天早上，她腰疼得起不了床，但是怕媽媽擔心，便偷偷打電話到北師大求助。學校派了一個博士生和一個司機「押送」她入院，臨走前，她還笑著對媽媽說：「媽媽等著我，我很快就回來。」

她這一走，就再也沒回來。她在醫院住了兩個多月後，病情毫無好轉。醫生診斷她患了晚期肺癌，考慮到這個結果太殘酷，於是向錢瑗隱瞞了病情，又不忍增加楊絳的心理負擔，所以也一直瞞著她，對母女兩人都說她患的只是特別厲害的骨結核。

楊絳不知情，還真以為女兒患的是骨結核，把這消息告訴了病床上的錢鍾書，他還說：「壞事變好事，從此可卸下校方重擔了。此後也有理由可推託不幹了。」

錢瑗以為自己的病可以治好，積極配合醫生做化療。可是，化療的效果一次不如一次，一頭濃密的黑髮掉得精光，整個人也變得蒼白消瘦，她笑著對同事說：「我現在是尼姑了！」

躺在病床上的錢瑗，長期平躺不能翻身，身體越來越虛弱，可還是牽掛著媽媽和爸爸。她和媽媽每晚通電話，稱作「拉拉手指頭」，在電話裡，她從不提自己的病情，總是報喜不報憂。到了後期，她總是不讓媽媽來探望自己，怕媽媽見了她的慘狀傷心難過。她因肺功能衰弱，已離不開吸氧，因長期臥床背上還長滿了褥瘡。

錢鍾書擔憂她的病，特意坐起來給她寫信。她連忙回信說，請爸爸不要勞神寫信，自己情況尚好，雖不能「輕舉妄動」，但能夠躺在床上慢慢地移動，比起只能平臥好多了。

錢瑗和爸爸最「哥們」，也許是意識到自己時日無多，她不顧自己病體支離，央求母親把她想寫的《我們仨》讓給自己來寫，楊絳當然答應了。她平躺在床上，架一塊寫字板，只能仰臥著寫字，字寫得歪歪扭扭的，卻充滿了童真。她擬了目錄，本來想寫十二篇，可惜身體太弱，只寫了五篇就停筆了，第一篇就是「爸爸逗我玩」。病床上的她，最懷念的就是兒時，那時，幼小的她尚在父母的庇護下快樂成長，一家人無憂無慮地生活在一起。

錢瑗的病一直毫無起色，到了一九九六年年十一月，醫院發出了病危通知，女婿才告訴楊絳實情。楊絳聽了，如五雷轟頂，在和朋友通電話時失聲痛哭。也許真的有心靈感應這回事，錢瑗病危之後的第八天，楊絳去醫院探望錢鍾書，他忽然對著她背後大叫了七八聲「阿圓」，還說：「叫小王送阿圓轉去。」楊絳問他：「回三里河嗎？」他搖了搖頭。又問：「回西石槽？」他回答說：「究竟也不是她的家，叫她回自己的家裡去。」

一九九七年春節，錢瑗已經奄奄一息了，還不忘在病床上給爸爸媽媽拜年。她給爸爸寫信，用歡快的語氣祝他新年快樂，說醫院裡有不少他的粉絲，都祝他新年好。還說：「我現在吃得多，出得多，臉是翻司法脫臉盤肥」，所謂「翻司法脫」即「face fat」，一句洋涇濱語。平常錢鍾書常用這句話逗女兒，取笑她臉盤肥，錢瑗藉這句妙語，來讓爸爸寬心。

她還心疼媽媽勞累，在春節時特意給媽媽寫了一首打油詩：「牛兒不吃草，想把娘恩報。願采忘憂花，藉此謝娘生。」

「牛兒不吃草」，也就是說她已經虛弱得不能進食了，可仍想報答媽媽的恩情。打油詩雖然一點兒也不押韻，卻包含著一片拳拳赤子之心。她去世前不久，最放心不下的是媽媽的一日三餐，特意寫信給媽媽，教她如何做簡易飯食。考慮到媽媽年老體弱，她寫的菜譜都是簡單易操作的，比如爛糊麵的做法：「牛肉湯＋胡蘿蔔＋芹菜＋番茄＋番茄麵」「豬肉湯＋萵筍塊或芥菜心＋菠菜麵」。

這個時候，她已經吃不進任何東西了，寫食譜時，只能平躺在床上，由阿姨拿著紙方便她寫字。

錢瑗自知不治，在電話裡對媽媽說：「娘，你從前有個女兒，現在她沒用了。」楊絳聽了心如刀割。

一九九七年三月四日，錢瑗因病去世。走的頭一天，楊絳還安慰她說：「安心睡覺，我和爸爸都祝你睡好。」她露出了一個鮮花似的笑容，第二天，就真的在安睡中去世了，額上的細紋都舒展開來了。

白髮人送黑髮人，這種痛楚非經歷過的人難以明白其中滋味。楊絳這時才知道，母親唐須嫈在失去二姊姊和大弟弟時，經歷了怎樣的錐心之痛。她不忍去參加女兒的遺體送別儀式，只在心裡默默地為她送行。

女兒的去世，是楊絳心裡永遠的痛。她總覺得自己愧對女兒，連女兒病重都毫不知情，當時奔波於兩家醫院，也沒有心力去照顧女兒。

楊絳一生中著作皇皇，卻堅持認為女兒才是自己的「生平傑作」。錢瑗很小的時候，就被爺爺錢基博視為「吾家讀書種子」，可惜這顆種子沒有遇到良好的生長環境：她上高中時學背糞桶，大學時下鄉下廠，畢業後又下放四清，歷經九蒸九焙，才發了一點點芽。做媽媽的，眼見著這樣的可造之材中途夭折，心裡遺憾至極。

女兒走後，楊絳一直瞞著錢鍾書，後來實在瞞不過了，才一點一點地把實情告訴他，還安慰他說：「阿必（小妹妹楊必）也是三月四日去世，八日火化。」錢鍾書心中明白，自我開解道：「必阿姨接了圓圓去了。」

錢瑗生前留下遺囑說不留骨灰，但北師大外語系的師生捨不得她，就將她的部分骨灰帶回校園，埋在她生前每天走過的一棵雪松樹下。大概是在女兒離開一百天的時候，楊絳悄悄來到校園裡，一個人在樹旁坐了坐，後來被人看見了，忙又悄悄地走了。她清楚地知道，圓圓不在樹下。看了樹，只會更心痛。

蘇東坡曾有悼亡詞曰：「料得年年腸斷處，明月夜，短松岡。」楊絳套用其詞說：「從此老母腸斷處，明月下，長青樹。」

樹若有情，知道一個老母親痛失愛女的心情，又豈會青青如此？

我們仨失散了

楊絳小的時候，聽到父母笑著聊起死亡的話題，母親說：「我死在你頭裡。」父親說：「我死在你頭裡。」母親後來想了想，當仁不讓地說：「還是讓你死在我頭裡吧，我先死了，你怎麼辦呢？」

當時，小小的她在一旁聽了，漠然無動，總覺得那是很遙遠的事。老天沒有讓母親遂願，她終於還是死在父親前面，想必她猝然離世時，心裡一定充滿了掛念和擔憂吧。

許久以後，當面對著病重的錢鍾書，她在心裡暗暗做了和母親一樣的選擇：她必須盡力保養自己，比他多活一年，力求「夫在先，妻在後」。這時的她，才明白母親那句話中所含的情意。「我先死了，你怎麼辦呢？」願意死在後面的那個人，通常都是兩個人中愛得比較深的那一個吧。

公公錢基博信命理，當年在他們遠渡重洋之前，曾經將一份錢鍾書的命書鄭重地交給楊絳。命書稱：「父豬母鼠，妻小一歲，命中註定。」末尾則說：「六旬又八載，一去料不返，夕陽西下數已終。」按這個說法，錢鍾書最多只能活六十八歲。

錢鍾書向來不記得自己的出生年月日，一九七八年他剛好六十八歲，忽然想起這件事來了，便問楊絳：「我哪年死？」楊絳哄他說：「還有幾年。」他也不追問，再過了幾年，就完全忘記這事了。

他比命書上說的多活了整整二十年，也許並非命理不可信，而是老天垂憐，特地多給了他和楊絳二十年團圓的日子。

一九九三年的一天，錢鍾書整理完自己的《槐聚詩存》後，對楊絳說：「咱們就這樣再同過十年。」楊絳脫口而出：「你好貪心啊！我沒有看得那麼遠，三年、五年就夠長的了。」錢錢鍾書聽了，黯然傷神。楊絳後來總是自責，認為自己這話讓錢鍾書愁出了病，一九九四年便住進醫院。

從病發住進北京醫院到離世，他在病床上躺了整整四年，以如此病弱之身能支撐這麼久，離不開楊絳無微不至的照料。

他住院期間牙床萎縮，無法咀嚼，而且病中無法再配假牙，只好採取「鼻飼」的方法進食。所謂「鼻飼」，是指將雞、魚、蝦、土豆（馬鈴薯）、蔬菜等用打碎機攪拌成泥，加上骨頭湯，用管子從鼻孔輸送入胃。

楊絳嘗了醫院為鼻飼病人提供的勻漿，發現有豬肝味、豆粉味。豬肝、豆粉都不適合病中的錢鍾書吃，她便向醫生提出：「你不是說他不該吃豆粉嗎？」醫生生氣地說：「你不怕煩，就自己做吧。」

從那之後，楊絳每日上午到醫院看望，下午則在家做鼻飼食料。這是一件非常費神的事，她得做雞魚蔬菜泥，雞胸肉要剔得一根筋也沒有，魚肉不能帶一根刺，再把兩種蔬菜或炒或煮，攪碎成泥，加上燉的骨頭湯。她在特別累的時候，曾請人幫做菜泥、雞泥，但魚泥務必親自做，別人做的她不放心，萬一裡面有根小刺沒挑出來，就會堵住鼻飼所用的管子。

她就這樣醫院、家裡兩頭跑，十分辛苦。後來女兒生病了，還得去醫院探望女兒。畢竟她是八十多歲的老人了，很快就感到體力不支，醫院的人總勸她回家休息，她卻堅持說：「鍾書在哪兒，哪兒就是我的家。」

有一次，護工請了一天假，楊絳親自在醫院陪護。錢鍾書見她晚上能留在醫院，高興得笑了。她卻笑不出來，因為得防著他拔插在身上的管子。他晚上睡著之後，不由自主地想拔管子，她只好徹夜不睡，守在旁邊按住他的手。一夜過去，她整個人都癱倒在椅子上了。醫生發現後，趕緊搶救她。

哪怕是在病房中，他們倆廝守在一起，也自有一番樂趣。楊絳體恤丈夫體弱，不讓他說太多話，她總是絮絮地說起一些趣事，自己小時候的事或者圓圓的近況，給病中的丈夫解悶。他們大多數時候都用無錫土話交談，在錢鍾書生命的最後時光，她守在他身邊，不停地在他耳邊用無錫話安慰著他。

錢鍾書住院時，三聯書店希望能出版《錢鍾書集》。他本來不願出全集，認為自己的作品不值得全部收集，但經不起三聯書店的執意請求最終同意。他在重病中無法為自己的作品集作序，楊絳便以眷屬的身分，代他做了序。她知道丈夫淡泊名利，所以在序中替他說：「錢鍾書絕對不敢以大師自居。他從不廁身大師之列……」

在序的末尾，她寫道：「錢鍾書六十年前曾對我說，他志氣不大，但願竭畢生精力，做做學問。六十年來，他就寫了幾本書。本《集》收集了他的主要作品。憑他自己說的『志氣不大』，《錢鍾書集》只能是菲薄的奉獻。我希望他畢生的虛心和努力，能得到尊重。」

她不愧是他一生的知己，短短的一篇序文，已道盡了錢鍾書的志趣和特質。

錢鍾書病中自知無法痊癒，早些時候曾向她交代，他死後不留骨灰，不設靈堂，不舉行告別儀式，不開追悼會。楊絳儘管覺得可能很難辦到，可還是一一答應了。

他在去世之前已陷入昏迷，短暫清醒時留下一句話：「絳，好好裡（即好生過）。」這是他離開人世前留下的最後一句話。他是個無神論者，可深知妻子與許會相信靈魂不滅，生怕她追隨自己於九泉之下，所以才如此殷切地叮囑她一定要好好活。

一九九八年十二月十九日凌晨，醫生通知楊絳，說錢鍾書的情況不好了。當她趕到病床前，他已經處於彌留之際，還有一隻眼睛未合好，楊絳附在他耳邊說：「你放心，有我哪！」她說完這句話，他終於閉上了眼睛，安然而逝。

梧桐半死清霜後，頭白鴛鴦失伴飛。「從今以後，咱們只有死別，不再生離。」錢鍾書當年的誓言猶在耳畔，沒想到，竟一語成讖。

北京醫院的三一一病房，錢鍾書在這住了一千六百多個日夜，這間病房和北師大那棵埋著圓圓骨灰的雪松樹一樣，都成了楊絳的腸斷之處。

她向院長交代完錢鍾書的遺願，筋疲力盡地回了家。晚上，楊絳接到了時任中共中央總書記江澤民的電話，他對錢鍾書的去世表示哀悼。

錢鍾書的喪事一切從簡，只是在火化前於北京醫院告別室舉行了簡單的憑弔儀式。醫院的工作人員為錢鍾書穿上他生前喜歡的衣服，其中有些衣服是楊絳親手編織的，她曾想捐給災區，可錢鍾書攔住說：「這是『慈母手中線』，其他衣服可以捐，這幾件留著。」

錢鍾書的遺體被送到火化間時，楊絳把蒙在他身上的白布掀開，最後一次凝視著丈夫，旁人勸她離開，她固執地說：「不，我要再站兩分鐘。」

「楊先生沒流淚，最後我把錢先生推到火化爐前，楊先生就在那裡看，不忍離去，好多人都走了，她還是捨不得離開。」楊絳的學生、外文所研究員薛鴻時曾回憶說。

說到為什麼沒有流淚，楊絳後來淡淡地對朋友說：「鍾書不喜歡人家哭他。」越是深情的人，就越是克制。直到後來《我們仨》問世，人們才知道她有多傷心。

錢鍾書先生離世後，作家舒展的老伴去看望楊絳先生，一進門還沒說話，她就抑制不住抽泣，後來乾脆放聲大哭起來。楊絳拉著她的手，讓她坐到沙發上，寬慰她說：「你比錢瑗小四歲吧？傻孩子，我都挺過來了，你還這樣哀傷？你不懂呀，如果我走在女兒和鍾書前面，你想想，錢瑗、鍾書受得了嗎？所以，這並不是壞事，你往深處想想，痛苦的擔子由我來挑，這難道不是一件好事嗎？」

楊絳和母親一樣，都力求「夫在先，妻在後」，老天這次果然聽見了她的祈求，讓錢鍾書走在她前面。他走的時候很安詳，因為這一生，楊絳都是他的守護神，守護了他一輩子。錢鍾書的堂弟錢鍾魯說過，大嫂楊絳像一個帳篷，把身邊的人都罩在裡面，外面的風雨由她來抵擋。

世間好物不堅牢，彩雲易散琉璃脆。正因如此，我們對錢鍾書和楊絳的愛情才如此嚮往，因為他們詮釋了世人理想中的愛情狀態——一生一世一雙人，如此純粹、持久，歷久彌新。

留在世間打掃現場

「我們仨」就這麼輕易地失散了。

三里河的家，對於楊絳來說，已經只是人生旅途上的一個寓所，家在哪裡，她找不到了。天人永隔的痛苦，似乎只有逃避可以解決，她說：「鍾書逃走了，我也想逃走，但是逃哪裡去呢？我壓根兒不能逃，得留在人世間，打掃現場，盡我應盡的責任。」

她要做的事情太多了，第一件事，就是整理錢鍾書的作品。託賴於她，錢鍾書在辭世之後，仍然源源不斷地有作品問世。二〇〇一年，楊絳整理出版十三冊的《錢鍾書集》；二〇〇三年，《容安館箚記》（商務版）影印出書；二〇〇五年，《宋詩紀事補訂》面世。

錢鍾書讀書愛做筆記，累積了大量中外文筆記和讀書心得。許多人認為錢鍾書天賦異稟，有過目不忘的本事，其實他本人卻自認沒有那麼「神」。他讀書的一個訣竅就是勤記筆記，喜歡的書會讀上好幾遍，筆記也不斷地添補。他做筆記的時間，大概是讀一本書的一倍。正因如此，讀過的書才記得牢。他深信「書非借不能讀」，所以家裡並沒有大量藏書，平時總是去圖書館借書，邊讀邊做筆記，雖然有無數的書在家裡流進流出，但存留的只是筆記。

這些筆記，多年來隨著主人顛沛流離，由國外到國內，由上海到北京，萬幸的是沒有在動亂中被付之一炬。歷經磨難之後，紙張早已發黃變脆。看過錢鍾書手稿的人都知道，他的筆記中常常中文、英文、法文、義大利文等多種語言夾雜在一起，無形中增加了辨認的難度。

楊絳整理手稿時，唯恐損壞了變脆的紙張，只能小心翼翼地揭開，在每頁裡面夾上一張紙條。最後點檢紙條，竟然有七萬多頁的手稿！難以想像，整理這些字跡難辨、模糊破損的手稿，對於一位年近九旬的老人來說，得花費多大的精力。

她用了無數個日日夜夜，終於將那些零散而殘破的手稿，一張一張精心拼貼起來，井井有條地整理好。她生怕自己來日無多，來不及做完這件事，所以抓緊一點一滴的時間，晚上還老失眠。有一天，《錢鍾書手稿集》的編輯郭紅到她家來取資料，只見她桌上堆滿了手稿，還擺放著剪刀和膠水。由於長期耗費目力，楊絳的眼睛都紅腫了。她戲稱自己是「錢辦主任」，多虧了她這個「主任」，錢鍾書那些寶貴的讀書筆記才能夠面世。

面對手稿上熟悉的字跡，楊絳睹物思人，自然感慨萬千。錢鍾書素來被同儕稱為「學究天人」，可惜年富力強的時光都在無休止的動盪中消耗盡了，他原本想寫一部英文版的《管錐編》，來評論外國文學，已經構思好了，只惜未能實現。他在上海時，寫了一部叫作《百合心》

的小說，已經完成過半，但在搬到北京的過程中遺失了。這些都令楊絳深以為憾。

我們最初所能看到的《錢鍾書手稿集》（三大本精裝版，這只是中文部分），是由商務印書館斥資三百萬元，於二〇〇三年以高科技手段影印出版的。取名為《容安館劄記》，通過這些劄記，人們可以看到錢鍾書是怎樣變成一代巨匠的。同時，也能欣賞到錢鍾書勁秀有致的行書小楷。之後，商務印書館又相繼出版《錢鍾書手稿集：中文筆記》《錢鍾書手稿集：外文筆記》。

談到為何要出版手稿，楊絳說：「這大量的中、外文筆記和讀書心得，鍾書都『沒用了』。但是他一生孜孜矻矻積聚的知識，對於研究他學問和研究中外文化的人，總該是一份有用的遺產。我應當盡我所能，為有志讀書求知者，把鍾書留下的筆記和日劄妥為保存。」

她堅持認為，將錢鍾書的筆記公之於眾是最妥善的保存，她由衷地表示，但願能夠通過這個辦法，使「死者如生，生者無愧」。

早在錢鍾書病重的時候，楊絳就和他商量說，想在母校清華設立一個獎學金，獎學金不用他們個人的名字，就叫「好讀書」獎學金。「好讀書」是錢楊兩人的共同興趣，也是聯結兩人情緣的一條紅線。當年，楊絳一進清華就同「二書」結緣：一為讀書，二為「鍾書」。

二〇〇一年九月七日，清華舉行了「好讀書」獎學金捐贈儀式。儀式上，楊絳宣布將錢鍾書和她當年的上半年所獲稿酬共計七十二萬元，以及以後出版作品的版稅，全部捐贈給母校教育基金會以成立「好讀書」獎學金。

當主持人介紹錢鍾書的生平，提到他曾獲得牛津大學的副博士學位，楊絳輕聲地糾正道：「不是副博士，是學士學位。」輪到她發言時，她一往情深地說：「這次是我一個人代表三個人說話，代表我自己、已經去世的錢鍾書和女兒錢瑗。」她表示，好讀書是他們一家三口共同的愛好，他們希望能用這個獎學金幫助那些愛好讀書的清寒子弟順利完成學業。

楊絳的義舉受到了人們的廣泛稱讚。二〇〇五年，人民文學出版社西班牙文學編輯胡真才，在西班牙舉行的專題講座中特意提到了楊絳，說起她翻譯《堂吉訶德》的前前後後，並介紹了她設立「好讀書」獎學金的善舉，他風趣地說：「好讀書獎學金中當然有《堂吉訶德》很大的貢獻，這說明堂吉訶德沒有死，他還在中國實行騎士道呢。」聽眾中有人淚光閃閃，他們覺得，楊絳簡直就是堂吉訶德在中國的化身。

截至二〇一六年五月，「好讀書」獎學金已累積到了一千四百三十四萬元，受益學生達六百一十四人。今後，隨著他們版稅的不斷增長，還將有更多的學生受益。

楊絳一生儉僕，卻有如此慷慨之舉，一位鄰居曾經不解地說：「她傻不傻啊，捐出去的錢都夠買套別墅了。」楊絳聞言，只是淡然一笑，她認為，人活在世上，總得有些形而上的追求。

人世間難免有汙濁的人和事，所以「打掃現場」有時並不是件那麼令人愉快的事。二〇一三年五月，一個令人震驚的消息打破了楊絳平靜的生活：一家名為中貿聖佳的拍賣公司發布公告，將於六月份舉行錢鍾書、楊絳、錢瑗的書信及手稿拍賣會，涉及錢鍾書一家書信及手稿等作品共計一百一十件。

這些書信多半是錢鍾書一家與香港《廣角鏡》雜誌社總編輯李國強的書信往來，信中有些內容涉及對某些學人的評判以及個人隱私，並不適合公開。

楊絳聽到這個消息後，立即給李國強打電話，質問他：「我當初給你書稿，只是留作紀念；通信往來是私人之間的事，你為什麼要把它們公開？」又說：「這件事情非常不妥，你為什麼要這樣做？請給我一個答覆。」李國強當即表示會給她一個書面答覆，但當記者致電時，他卻掛斷了電話。

信件即將拍賣的消息還在不時傳來，楊絳堅決反對這種侵犯個人隱私的行為，反對利用人與人之間的信任去進行商業炒作。為此，她以一〇二歲高齡，親自出面訴諸法律。她說這絕不是金錢或個人利益得失的問題，而是為了維護人與人之間的信任，是捍衛人的隱私權、捍衛法律的權威。她控訴說：「個人隱私、人與人之間的信賴、多年的感情，都可以成為商品去交易嗎？」

楊絳生平，絕少這樣疾言厲色，這次是真的憤怒了，還好在她的強烈反對以及學界同仁的支持下，拍賣會最終取消了。正是通過這件事，人們才發現，原來看起來謙讓溫婉的楊絳，骨子裡竟深藏著凜然不可侵犯的硬氣。

這才是真實的楊絳，她待人溫厚有禮，但絕不容許別人挑戰她的底線，更不能容許他人對錢鍾書和錢瑗有一絲一毫的冒犯。

在她的精神世界裡，丈夫和女兒都不曾真的離開，只是換了一個方式和她同在。錢鍾書走後，有人問起他的事，楊絳常常用「我們」來代答；別人找她為錢鍾書的書簽名，她常常也是先簽錢鍾書的名字，再簽自己的，永遠都遵循「夫在先，妻在後」的原則。

「夢魂常逐漫漫絮，身骨終拚寸寸灰」，這是錢鍾書在一九九一年，應楊絳所請為她書中人物所作情詩中的詩句，若干年以後，竟成了她留在世上孑然一人，孤身整理遺稿、打掃現場的真實寫照。

錢鍾書早已去了另一個世界，留在這個世界的楊絳，卻以這種方式延續著對他的愛、思念和崇拜。

寫作是抵禦思念的最佳方式

錢瑗去世後，楊絳對錢鍾書說：「阿圓走了，我要寫一個女兒，叫她陪著我。」病床上的錢鍾書，點頭表示同意。

在女兒和錢鍾書相繼離去四年後，九十二歲的楊絳，兌現了對丈夫的諾言，以一支純淨之筆，寫出了《我們仨》。這本書裡，沒有浪漫的故事，沒有曲折的情節，有的只是記憶中一些微細之事，卻格外真摯動人。

全書分為三個部分，以楊絳做的一個萬里長夢為引，寫出了一家三口相伴六十多年走過的風風雨雨、點點滴滴，字裡行間彌漫著難以言表的溫情和憂傷。

他們一家三口都是不愛交遊的人，平常做得最多的事就是惜時如金地讀書，可就是這樣安靜的三個人，卻構成了一個豐足甜潤的小世界。都說人生如夢，楊絳卻說：「我這一生並不空虛，我活得很充實，也很有意思，因為有我們仨。」

在楊絳溫潤細膩的筆下，女兒真的「活」了，活得有血有肉，與媽媽相依相偎。寫到動情處，楊絳的淚水落在紙上，不能自已。在《我們仨》的結尾處，楊絳把自己比作一個日暮途窮的羈旅倦客——「家在哪裡，我不知道，我還在尋覓歸途。」

二〇〇三年，《我們仨》出版，扉頁上一句「我一個人思念我們仨」，叫多少人讀之淚下。看楊絳寫的《我們仨》，就像看清溪流過，每一滴溪水，都凝聚著「我們仨」的記憶。讀了這本書才發現，「我們」是一個多麼溫暖的字眼，任憑外面風雨飄搖，只要「我們」還在一起，就足以應對世間所有的艱辛。

《我們仨》問世後，迅速成為暢銷書，僅一年之內就熱銷五十萬冊，至今還長銷不衰。人們羨慕楊絳一家不同尋常的遇合，更同情和惋惜他們的失散。有人評說，「她（楊絳）瘦小的身軀裡蘊藏著感動中國的力量。」

可楊絳一如既往地淡定和清醒，她說：「我沒寫什麼大文章，只是把個人的思念之情記錄了下來，不為教育誰用。」

寫作對於她來說，更像是一種抵禦思念的方式，她晚年的寫作，總是離不開回憶和緬懷，在書寫中，已經逝去的親人仿佛又活了過來，和她聚了又聚。她以一支纖筆，構建了一個永恆的時光隧道，在那裡，她可以和親人們相聚相守，永不分離。

晚年的楊絳，在與老、病、忙之中筆耕不輟，平靜而執著地尋找皈依之路。錢鍾書過世後，她在他的藏書裡尋尋覓覓，想找一本可以得到安慰的書，可以指導她的書。最終，她找到了柏拉圖的《斐多篇》，這書主要描繪的是蘇格拉底就義前與門徒們的談話，蘇格拉底堅信靈魂不滅，他說：「真正的哲學家一直在練習死。在一切世人中間，唯獨他們最不怕死。」

楊絳決定翻譯《斐多篇》，她不識希臘文，翻譯起來相當不易，正因如此，才能夠投入全部心神忘掉自己。正是這樣艱苦的投入，將她從失去親人的巨大悲痛中解救出來了。

蘇格拉底靈魂不滅的思想深刻地影響了她，九十六歲時，她提筆寫出了《走到人生邊上——自問自答》一書，這本書是楊絳人生智慧的結晶，若想瞭解她的人生觀和價值觀，從此書入手最好不過，從書名來看，正好和錢鍾書作於四〇年代的《寫在人生邊上》遙相呼應。

《走到人生邊上》直面的是生和死的大問題，可以看作楊絳對於生和死、神和鬼、命和天命等哲學命題的一次終極思考。她相信命運，同時更堅信主宰人命運的，實質上還是人的自由意志。她覺得人生實苦，並坦誠地說：「在這個物欲橫流的人世間，人生一世實在是夠苦的。你存心做一個與世無爭的老實人吧，人家就利用你，欺侮你。你稍有才德品貌，人家就嫉妒你，排擠你。你大度退讓，人家就侵犯你，損害你。」

那麼人生的意義到底是什麼？楊絳指出，正因如此，人活一世，才更需要修煉靈魂，完善自我，這樣才不會辜負人為萬物之靈的地位，她說：「在人生的道路上，如一心追逐名利權位，就沒有餘暇顧及其他。也許到臨終迴光返照的時候，才感到悔慚，心有遺憾，可是已追悔莫及，只會飲恨吞聲而死。一輩子鍛煉靈魂的人，對自己的信念，必老而彌堅。」

這段話可以看成夫子自道，楊絳這一輩子，從來沒有停止過對靈魂的鍛煉。她的修養，她的淡泊，她的隱忍和風骨，都得益於持之以恆的鍛煉，所以才會老而彌堅。

楊絳八十歲壽誕時，夏衍曾為其題詞：「無官無位，活得自在，有才有識，獨鑄偉詞。」可謂名副其實，適如其身。

《走到人生邊上》前面一部分是論述，後面一部分則是注釋，由數篇獨立成篇的散文構成。這些散文顯示出她渴望穿越生死界限、與親人重聚的夢想，因為對靈魂的存在信大於疑，她才渴望著有一天能夠和親人們靈魂相守。她甚至設想，自己到底應該以怎樣的面貌與早已過世的親人相會，如果是現在的這副面貌，錢鍾書和圓圓會認得，可是父親和母親肯定不認得了，如果回復到十五六歲時的小姑娘模樣，父母當然歡喜，錢鍾書和圓圓又認不出了。她堅定地相信，甩掉了肉體，靈魂彼此間都是認識的，而且是熟識的、永遠不變的，就像夢裡相見時一樣。

《走到人生邊上》二〇〇七年面世後，被視為一部奇書。作家周國平評價說：「楊絳站在人生邊上，發出自己最後的聲音，這也是人文世界的聲音，要對中國大陸虛無主義做回擊，人生必須有不懈的追求，也要深思生死邊緣的價值。」邱立本則驚喜地讚歎說：「九十六歲的文字，竟具有初生嬰兒的純真與美麗。」

楊絳的文風簡潔流利，不像很多民國同期作家那樣翻譯腔十足，也沒有人們熟悉的「現代氣息」，她覺得，「可能是因為我太崇尚古典的清明理性」。

二〇一四年，人民文學出版社彙集了楊絳迄今為止最全的作品，出版了《楊絳全集》，由二〇〇九年的八卷本擴充到九卷本。這部作品集共計兩百七十餘萬字，卷一收錄了長篇小說《洗澡》、中篇小說《洗澡之後》及七篇短篇小說；第二至四卷為散文部分，包括《幹校六記》《將飲茶》《雜憶與雜寫》《我們仨》等；第五卷則是戲劇作品和文學評論，包括《稱心如意》和《弄真成假》等；第六至九卷為楊絳的翻譯作品，包括《堂吉訶德》《小癩子》《斐多》等。

楊絳對自己出版的作品要求極為嚴格，所以不及格的作品、改不好的作品，全部刪棄。文章揚人之惡，也刪。

儘管著作等身，但她對自己的文學創作還是有所遺憾的，在《楊絳全集》的序中她說：「我當初選讀文科，是有志遍讀中外好小說，悟得創作小說的藝術，並助我寫出好小說。但我年近八十，才寫出一部不夠長的長篇小說。」

其實，早在二〇〇四年，人民文學出版社就出版了《楊絳文集》，後來又於二〇〇九年、二〇一四年兩次擴充。人們沒有想到，作為一位百歲老人，楊絳的創作力依然如此驚人。由於不斷有新的作品問世，所以文集也只能不停地收入新作。

到了百歲之後，楊絳仍然堅持寫作。光是二〇一三年九月間，她就寫了五篇回憶文章，分別是〈回憶我的母親〉〈三姊姊是我的「啟蒙老師」〉〈太先生〉〈五四運動〉和〈張勳復辟〉。

二〇一四年，《洗澡之後》出版，距離《洗澡》面世，已經過去了二十六年。在書的前言中，楊絳寫道：「假如我去世以後，有人擅寫續集，我就麻煩了。現在趁我還健在，把故事結束了吧。這樣呢，非但保全了這份純潔的友情，也給讀者看到一個稱心如意的結局……我這部《洗澡之後》是小小一部新作，人物依舊，事情卻完全不同。我把故事結束了，誰也別想再寫什麼續集了。」而在書的結束語裡，她再次強調：「許彥成與姚宓已經結婚了，故事已經結束得『敲釘轉角』，誰還想寫什麼續集，沒門兒了！」

從結束語中可以看出，這位年逾百歲的老人，身上還保留著年輕時的爽利。她的文筆依然像寫《洗澡》時那樣精緻乾淨，簡潔爽朗，令人讀後餘香滿口。

我們毫不懷疑，如果楊絳先生還在人世，只要身體允許的話，以她的精氣神，還會一直寫下去，直到生命的最後一刻。

火萎了，我也準備走了

在生命的最後十年，楊絳深居簡出，過著一種近似於隱士的生活。

她仍然住在三里河那套寓所裡，房子裡仍然是水泥地、白灰牆，壁上仍然掛著「二分流水三分竹，九日春陰一日晴」的那副對聯。家裡的擺設都和以前一樣，客廳的牆上掛著「我們仨」的合影，錢鍾書和圓圓在照片中對著她微笑。

那一帶的居所，只有她家沒有把陽臺封起來，有人問她為什麼，她說：「為了坐在屋裡能夠看到一片藍天。」

昔日的「洋囡囡」，已成了白髮蒼蒼的老人，卻仍然氣度雍容，溫文爾雅。偶爾出現在人們面前，也總是穿得乾淨整潔，臉上帶著得體的微笑。她是個愛體面的人，一輩子都整整齊齊的，臨老了也是如此。

堂弟錢鍾魯的妻子陳霞清回憶說，每次去看楊先生，都得預先跟保姆說好，不能去太早，因為大嫂要梳妝打扮。陳霞清也特別佩服大嫂這點：她穿的衣服全是半新不舊的，可是特別有派，百歲老人還有她自己的氣度。

從她晚年留下來的為數不多的照片來看，面對鏡頭時，她總是微笑著。那種笑容，就像她的老友柯靈所說的那樣，楊絳的笑是用淚水洗過的，所以笑得明淨，笑得蘊藉，笑裡有橄欖式的回甘。

很多人到了老年，眼睛會變得渾濁灰暗，可是楊絳的雙眼依然明亮有神。那樣清清亮亮的眼神，似乎能看到人的心裡去，所以有人評價說，她到老了仍保留著少女的神態。作家鐵凝和她的關係很好，經常登門拜訪，楊絳和鐵凝說起幼時的趣事時，臉上泛起興奮的紅暈，被鐵凝稱為「嬰兒紅」。

這位百歲老人，讓人們見識到了什麼是堅忍和剛強。至親離開後，她當著外人的面幾乎沒有流過眼淚，其實那段時間她悲痛得只能服用大量安眠藥入睡，連走路都要扶著牆。她一百歲的時候，仍然不服老，自己能做到的事就親自做。有次燈管壞了，她便挪來一張桌子，又在上面疊了一張椅子，爬到上面去換燈管，在天花板上留下了幾個手印。

對這樣一位德高年長的文壇前輩，很多人都視為「國寶」，楊絳卻自覺自願地披上了隱身衣，甘當一個零。

出版社要為她的新書發布搞活動，她委婉地拒絕說：「我是一滴清水，吹不出肥皀泡，我把稿子交出去了，剩下怎麼賣書的事情，就不是我該管的了。」

政府主動要給她裝修房子，她推辭說：「雖說是國家的錢，到底是老百姓的，所以不要破費。」

楊絳每年都要「躲」生日，她一再告訴出版社等機構不要去她家看望，也不要祝壽。她說：「我無名無位活到老，活得很自在。」

二〇一一年七月十七日，她迎來了自己的一百歲生日，親友們都想上門為她祝壽，她溫和地說：「天太熱，你們在家替我吃一碗壽麵，別麻煩大家了。」

記者想要登門採訪，她總是婉言謝絕，為此心中還深感歉疚。朋友們建議她藉百歲生日，通過答問與讀者做一次交流。她總算同意接受《文匯報》的筆談專訪，這是她多年來首次公開向外界談論各種問題。她充滿深情地談起了父親對她的教育，談起了錢鍾書，談起了翻譯和寫作，談起了含忍和信仰。一百歲的老人了，思路還是那麼清晰敏銳。

在筆談的末尾，她說：「我今年一百歲，已經走到了人生的邊緣，我無法確知自己還能往前走多遠，壽命是不由自主的，但我很清楚我快『回家』了。我得洗淨這一百年沾染的汙穢回家。我沒有『登泰山而小天下』之感，只在自己的小天地裡過平靜的生活。」

周國平這樣評價她：「這位可敬可愛的老人，我分明看見她在細心地為她的靈魂清點行囊，為了讓這顆靈魂帶著全部最寶貴的收穫平靜地上路。」

過了一百歲的楊絳，依然過著克制而有規律的生活，她牢記著錢鍾書生前的囑託，盡力好好活著。她吃得很清淡，儘量不吃油膩的東西。她喜歡買大棒骨來熬湯，將骨頭敲碎，然後用湯來煮木耳吃。她睡得很少，晚上一點半睡，早上六點半就起了。

她堅持每天讀書寫作，鍛煉身體。她每天要走七千步，在室內來回走，用鉛筆來計數（她隨身帶著七支鉛筆，每走一千步就放下一支）。大雁功也繼續在練，天氣好的時候，還會去樓下散步。鄰居見了她，誇她身體硬朗，說她能活一百二十歲。她笑著搖搖頭說：「不，那樣太苦了。」

從表面上看，她已經從失去親人的悲痛中恢復過來了，可其實在她內心深處，從未停止過對丈夫和愛女的思念。

她每天都要練習毛筆小楷，抄寫錢鍾書的《槐聚詩存》，一天寫幾行，她說：「練練字，也通過抄詩與他的思想詩情親近親近。」

她和錢瑗以前的同學關係很好，那幫同學常來看望她，她親昵地稱他們為「小友」。見到他們，她總是會想，若是錢瑗在世，也有這麼大了。

錢鍾書逝去十二年後，楊絳望著中秋過後的一輪殘月，寫下了《憶鍾書》：

與君結髮為夫妻，

坎坷勞生相提攜。
何意忽忽暫相聚，
豈已緣盡永別離。
為問何時能相見，
有誰能識此天機。
家中獨我一人矣，
形影相弔心悲淒。

詩為心聲，讀了此詩，我們才會知道，原來這位看上去平靜而克制的老人，內心竟然堆積著如此深的哀傷和思念。「老來多相忘，惟不忘相思。」她一生中有很多身分，她是翻譯家、文學家，更是楊蔭杭的愛女、錢瑗的慈母，可她最為看重的，仍是「錢鍾書生命中的楊絳」。

她總是對親友們說：「錢先生和阿圓都走了，我的路也走完了。」對於死亡，她早已沒有了恐懼，她把那叫作「回家」。她說自己已經心靜如水，平和地迎接著每一天，過好每一天，時刻準備著「回家」。

二〇一六年五月二十五日，在將既往歲月一點一點全部整理、打包後，她平靜地離開了這個世界，「我們仨」終於可以在天上團聚了。

她是「生命的烤火者」，雙手一直烤著生命之火，如今，火萎了，她也走了。她的文字，她的人格魅力，將繼續留存下來，為我們這個喧囂而豐富的世界，罩上一層柔和的金光。

參考書目

1.《我們仨》，楊絳，三聯書店，二〇〇三年版。
2.《楊絳文集．散文卷上》，楊絳，人民文學出版社，二〇〇九年版。
3.《聽楊絳談往事》，吳學昭，三聯書店，二〇〇八年版。
4.《楊絳傳》，羅銀勝，北京聯合出版公司，二〇一五年版。
5.《洗澡》，楊絳，人民文學出版社，二〇〇四年版。
6.《洗澡之後》，楊絳，人民文學出版社，二〇一四年版。
7.《圍城》，錢鍾書，人民文學出版社，二〇〇七年版。
8.《走到人生邊上——自問自答》，楊絳，商務印書館，二〇〇七年版。

楊絳生平大事記

一九一一年七月十七日，生於北京，祖籍江蘇無錫，本名楊季康，出生後不久隨父母去上海避難。

一九一五年，四歲，隨家人到北京，在貝滿幼稚園就讀。

一九一九年，八歲，親眼目睹「五四」運動中大學生上街遊行，同年隨父母南遷回老家無錫。

一九二一年，十歲，在啟明女校上學。

一九二四年，十三歲，入振華女校就讀。

一九二八年，十七歲，因一心想讀的清華大學外文系在南方沒有名額，轉投蘇州東吳大學。

一九三〇年，十九歲，投考清華大學試圖轉學，但因照顧患腦膜炎的大弟錯過了考期。

一九三二年，二十一歲，從東吳大學到清華大學借讀，並於古月堂前結識了錢鍾書。

一九三三年，二十二歲，被清華研究院外文系錄取，並與錢鍾書訂婚。

一九三五年，二十四歲，與錢鍾書結婚，為陪同丈夫留洋從清華肄業，後隨丈夫一起到英國牛津大學。

一九三七年，二十六歲，女兒錢瑗出生，同年一家三口赴巴黎遊學。

一九三八年，二十七歲，一家三口回到戰亂中的祖國，楊絳應振華校長王季玉之邀，籌建上海分校。

一九三九年，二十八歲，任振華分校校長兼高三英語教師。

一九四一年，三十歲，辭去振華女中管理工作。

一九四二年，三十一歲，任小學教員，業餘時間創作劇本。

一九四三年，三十二歲，編撰的第一部話劇《稱心如意》上演，開始用楊絳作為筆名。

一九四四年，三十三歲，所編話劇《弄真成假》上演，以擅寫喜劇揚名話劇界。

一九四五年，三十四歲，父親楊蔭杭去世。

一九四六年，三十五歲，在震旦女子文理學院任外文系教授。

一九四九年，三十八歲，與錢鍾書一起重返清華，錢鍾書任教授，楊絳為兼任教授。

一九五〇年，三十九歲，翻譯西班牙名著《小癩子》。

一九五二年，四十一歲，「洗澡」結束，調入文學研究所外文組。

一九五六年，四十五歲，譯作《吉爾・布拉斯》出版。

一九五八年，四十七歲，為翻譯《堂吉訶德》，開始自學西班牙語，同年下鄉進行思想改造。

一九六四年，五十三歲，「文學研究所外文組」改名「外國文學所」，楊絳留所。

一九六五年，五十四歲，《堂吉訶德》第一部翻譯完畢。
一九六六年，五十五歲，「文革」開始，被分配打掃外文所的女廁所，《堂吉訶德》手稿被沒收，幾經周折才找回。
一九六九年，五十八歲，與錢鍾書先後被下放到幹校。
一九七二年，六十一歲，與錢鍾書一起回到北京，從頭開始翻譯《堂吉訶德》。
一九七八年，六十七歲，譯作《堂吉訶德》出版。
一九八一年，七十歲，《幹校六記》面世。
一九八二年，七十一歲，《幹校六記》英譯本出版。
一九八三年，七十二歲，隨代表團訪問巴西。
一九八四年，七十三歲，《幹校六記》法譯本出版。
一九八六年，七十五歲，開始寫作第一部長篇小說《洗澡》。
一九八七年，七十六歲，散文集《將飲茶》出版，收有《回憶我的父親》等名作。
一九九二年，八十一歲，法譯本《洗澡》及《烏雲的金邊》在巴黎出版，同年開始整理父親的遺作《老圃遺文集》。
一九九三年，八十二歲，帶病幫助錢鍾書謄抄《槐聚詩存》。
一九九七年，八十六歲，女兒錢瑗去世。

一九九八年，八十七歲，丈夫錢鍾書因病去世。
一九九九年，八十八歲，翻譯柏拉圖作品《斐多》。
二〇〇一年，九十歲，捐出自己與錢鍾書的所有版稅，設立清華大學「好讀書」獎學金。
二〇〇三年，九十二歲，出版懷念丈夫與愛女的作品《我們仨》。
二〇〇七年，九十六歲，出版《走到人生邊上——自問自答》一書。
二〇一一年，一百歲，被查出患有心衰，但她依舊樂觀豁達，每天讀書寫作從不間斷，晚上一點半睡覺。
二〇一三年，一〇二歲，一家拍賣公司欲將錢鍾書、楊絳、錢瑗一家人的信件與手稿公開拍賣，楊絳憤而上訴，維權成功。
二〇一四年，一〇三歲，《楊絳全集》出版，《洗澡》的續篇《洗澡之後》也於該年面世。
二〇一六年五月二十五日凌晨，楊絳於北京協和醫院病逝，享年一〇五歲。

新人間267

最賢的妻，最才的女：百年時光中的文學潛行者楊絳

作　　者—慕容素衣
編　　輯—張啟淵
封面照片拍攝者—莫昭平
封面設計—陳文德
企　　劃—張燕宜

董 事 長—趙政岷
出 版 者—時報文化出版企業股份有限公司
108019台北市和平西路三段二四〇號四樓
發行專線—（〇二）二三〇六六八四二
讀者服務專線—〇八〇〇二三一七〇五
（〇二）二三〇四七一〇三
讀者服務傳真—（〇二）二三〇四六八五八
郵撥—一九三四四七二四時報文化出版公司
信箱—10899臺北華江橋郵局第九九信箱

時報悅讀網—http://www.readingtimes.com.tw
法律顧問—理律法律事務所　陳長文律師、李念祖律師
印　　刷—紘億印刷有限公司
初版一刷—二〇一七年十一月二十四日
初版四刷—二〇二三年十一月八日
定　　價—新台幣二八〇元
（缺頁或破損的書，請寄回更換）

時報文化出版公司成立於一九七五年，
並於一九九九年股票上櫃公開發行，於二〇〇八年脫離中時集團非屬旺中，
以「尊重智慧與創意的文化事業」為信念。

最賢的妻,最才的女 : 百年時光中的文學潛行者楊絳 / 慕容素衣著. -- 初版. -- 臺北市 : 時報文化, 2017.11
面；　公分. -- (新人間 ; 267)

ISBN 978-957-13-7178-8(平裝)

1.楊絳　2.女作家　3.傳記

782.887　　　106017941

中文繁體版由北京鳳凰聯動圖書發行有限公司授權時報文化出版企業股份有限公司獨家發行。

ISBN 978-957-13-7178-8
Printed in Taiwan